的《新学制高级中学教科书本国史》，黄永年先生曾评价说：这本书现在已经很少有人知道了，有一篇《吕思勉先生主要著作》，就没有提到这本书，也许认为这只是教材而非著作。"其实此书从远古讲到民国，只用了十二万字左右篇幅，而政治、经济、文化以及典章制度各个方面无不顾及，在取舍详略之中，体现出吕先生的史学史识，实是吕先生早期精心之作。有些青年人对我讲，现在流行的通史议论太多，史实太少，而且头绪不清，实在难读难记。我想吕先生这本要言不烦的《本国史》是否可以给现在编写通史、讲义的同志们一点启发。"（黄永年：《回忆我的老师吕诚之先生》，《学林漫录》第四集，北京，中华书局，1981年）

又如《三国史话》，原是吕先生撰写《秦汉史》的副产品，出版之后，就很受欢迎，被视为历史通俗读物的典范之作。虞云国先生说：史学大师吕思勉既有代表其学术高度的断代史，又有通俗读物《三国史话》，"各擅胜场，令人叹绝"。（吕思勉：《三国史话》封底，北京，商务印书馆，2015年）梁满仓先生也说："《三国史话》的大家风范，首先体现在作者强烈的历史责任意识……还表现在一些经得住时间检验的观点……《三国史话》是一部通俗历史读物，然而通俗中却包含着渊博的知识……小中见大、通俗中见高雅，《三国史话》为我们树立了典范。"（梁满仓：《〈三国史话〉的大家风范》，吕思勉：《三国史话》，北京出版社，2012年）如今，吕先生的各种著述一再重版、重印，成为民国史学家中最为大众欢迎的史家之一，说明上述史学家们的评说已经成为大家的共识。

本着这样的认识，我们在吕先生一千余万字的著述中，选择了二十余种兼具通俗性与专业性且篇幅适宜者，根据内容分为七类，分别是：通史、专门史、修身、历史分级读本、读史札记、史话和国学，组成"吕思勉著作精选"，以飨读者。如最先推出的"吕思勉著作

吕思勉　著

吕著初中历史教科书

吕思勉著作精选

历史分级读本

图书在版编目(CIP)数据

吕著初中历史教科书 / 吕思勉著;张耕华整理. —
上海:上海古籍出版社,2023.5
ISBN 978-7-5732-0661-9

Ⅰ. ①吕… Ⅱ. ①吕… ②张… Ⅲ. ①中国史课—初
中—教材 Ⅳ. ①G634.531

中国国家版本馆 CIP 数据核字(2023)第 054873 号

吕思勉著作精选·历史分级读本

吕著初中历史教科书

吕思勉 著

上海古籍出版社出版发行

(上海市闵行区号景路 159 弄 1-5 号 A 座 5F 邮政编码 201101)

(1) 网址: www.guji.com.cn
(2) E-mail: guji1@guji.com.cn
(3) 易文网网址: www.ewen.co

上海颛辉印刷厂有限公司印刷

开本 890×1240 1/32 印张 9.5 插页 2 字数 222,000
2023 年 5 月第 1 版 2023 年 5 月第 1 次印刷
ISBN 978-7-5732-0661-9
K·3353 定价:52.00 元
如有质量问题,请与承印公司联系

前 言*

有一种说法,说理想的历史著述家,要写过一部历史的专著,[写]过一部历史教科书,再写过一部历史通俗读物。又有一种类似的[说]法,把教科书换成了方志书,或是把通俗读物换成了历史地图册,[ ]唯有著述了多种主题、多种形式的史学作品,历史著述才算达到[了]完满的境界。这些说法,当然不是在为史学评论提供一种评判的[标]尺,其本意是强调历史著述家除了要撰写专业领域里的学术著[作,]还要尽其所能为社会大众提供多种多样的历史作品,以满足不同[层]次、不同爱好的读者需要。

由此而论,史学家吕思勉先生倒是达到了理想的历史著[述境]界。他不仅写有大部头的史学著作,如《先秦史》《秦汉史》等成[套]的四部断代史,还写过大量的文史教科书和历史通俗读物。其[数量]之多、品类之丰,在民国时代众多的史学大家中也是很罕见的[。而]且,他撰写的教科书和历史通俗读物,都是精心之作,或被后人[誉]为通俗读物之典范。

如此次"吕思勉著作精选"收录的一九二四年商务印书[馆]

---

* 编者按:本书原附有若干不甚清晰的图片,为保留其民国课本原貌,本
版尽量予以保留。

精选·专门史",收入《中国社会史》、《中国社会变迁史(附大同释义)》《中国民族史两种》和《中国文化史六讲　中国政治思想史十讲》。何以收入此四种？吕先生历来备受关注者,即其"两部通史、四部断代史、一种札记",但其对专门史亦非常重视。他提倡"专就一种现象的陈迹加以研究"之专门的历史,并且身体力行,在史学实践中完成社会史、民族史、文化史、政治思想史等专史著作,涵盖面很广。且其专门史常常有一种贯通的眼光,既是朝代的贯通,也是"专门"的贯通,如其讲政治思想史、文化史,则先论社会史,因此其专门之中又多贯通,体现了其"综合专门研究所得的结果,以说明一地域、一时代间一定社会的真相"的治学路径。吕思勉先生的历史著作,大多都蕴含着这种"贯通"的眼光。以此为例,是想说明我们精选吕思勉著作的用意,以及帮助读者更好地理解中国历史的希望。

本书初版名为《更新初级中学教科书　本国史》。

目　录

更新初级中学教科书　本国史第一册

第一编　上　古　史

第二编 中 古 史

更新初级中学教科书　本国史第二册

吕思勉 著

吕著初中历史教科书

吕思勉著作精选

历史分级读本

图书在版编目(CIP)数据

吕著初中历史教科书 / 吕思勉著;张耕华整理. —
上海:上海古籍出版社,2023.5
ISBN 978-7-5732-0661-9

Ⅰ. ①吕… Ⅱ.①吕… ②张… Ⅲ. ①中国史课—初
中—教材 Ⅳ. ①G634.531

中国国家版本馆 CIP 数据核字(2023)第 054873 号

吕思勉著作精选 · 历史分级读本
吕著初中历史教科书
吕思勉　著
上海古籍出版社出版发行
(上海市闵行区号景路 159 弄 1-5 号 A 座 5F　邮政编码 201101)
(1) 网址:www.guji.com.cn
(2) E-mail:guji1@guji.com.cn
(3) 易文网网址:www.ewen.co
上海颛辉印刷厂有限公司印刷
开本 890×1240　1/32　印张 9.5　插页 2　字数 222,000
2023 年 5 月第 1 版　2023 年 5 月第 1 次印刷
ISBN 978-7-5732-0661-9
K · 3353　定价:52.00 元
如有质量问题,请与承印公司联系

前　言 *

　　有一种说法，说理想的历史著述家，要写过一部历史的专著，写过一部历史教科书，再写过一部历史通俗读物。又有一种类似的说法，把教科书换成了方志书，或是把通俗读物换成了历史地图册，说唯有著述了多种主题、多种形式的史学作品，历史著述才算达到了完满的境界。这些说法，当然不是在为史学评论提供一种评判的标尺，其本意是强调历史著述家除了要撰写专业领域里的学术著作，还要尽其所能为社会大众提供多种多样的历史作品，以满足不同层次、不同爱好的读者需要。

　　由此而论，史学家吕思勉先生倒是达到了理想的历史著述境界。他不仅写有大部头的史学著作，如《先秦史》《秦汉史》等成系统的四部断代史，还写过大量的文史教科书和历史通俗读物。其数量之多、品类之丰，在民国时代众多的史学大家中也是很罕见的。而且，他撰写的教科书和历史通俗读物，都是精心之作，或被后人称之为通俗读物之典范。

　　如此次"吕思勉著作精选"收录的一九二四年商务印书馆出版

---

　　* 编者按：本书原附有若干不甚清晰的图片，为保留其民国课本原貌，本次整理出版尽量予以保留。

的《新学制高级中学教科书本国史》，黄永年先生曾评价说：这本书现在已经很少有人知道了，有一篇《吕思勉先生主要著作》，就没有提到这本书，也许认为这只是教材而非著作。"其实此书从远古讲到民国，只用了十二万字左右篇幅，而政治、经济、文化以及典章制度各个方面无不顾及，在取舍详略之中，体现出吕先生的史学史识，实是吕先生早期精心之作。有些青年人对我讲，现在流行的通史议论太多，史实太少，而且头绪不清，实在难读难记。我想吕先生这本要言不烦的《本国史》是否可以给现在编写通史、讲义的同志们一点启发。"（黄永年：《回忆我的老师吕诚之先生》，《学林漫录》第四集，北京，中华书局，1981 年）

又如《三国史话》，原是吕先生撰写《秦汉史》的副产品，出版之后，就很受欢迎，被视为历史通俗读物的典范之作。虞云国先生说：史学大师吕思勉既有代表其学术高度的断代史，又有通俗读物《三国史话》，"各擅胜场，令人叹绝"。（吕思勉：《三国史话》封底，北京，商务印书馆，2015 年）梁满仓先生也说："《三国史话》的大家风范，首先体现在作者强烈的历史责任意识……还表现在一些经得住时间检验的观点……《三国史话》是一部通俗历史读物，然而通俗中却包含着渊博的知识……小中见大、通俗中见高雅，《三国史话》为我们树立了典范。"（梁满仓：《〈三国史话〉的大家风范》，吕思勉：《三国史话》，北京出版社，2012 年）如今，吕先生的各种著述一再重版、重印，成为民国史学家中最为大众欢迎的史家之一，说明上述史学家们的评说已经成为大家的共识。

本着这样的认识，我们在吕先生一千余万字的著述中，选择了二十余种兼具通俗性与专业性且篇幅适宜者，根据内容分为七类，分别是：通史、专门史、修身、历史分级读本、读史札记、史话和国学，组成"吕思勉著作精选"，以飨读者。如最先推出的"吕思勉著作精选·专门史",收入《中国社会史》、《中国社会变迁史（附大同释义）》、《中国民族史两种》和《中国文化史六讲　中国政治思想史十讲》。何以收入此四种？吕先生历来备受关注者,即其"两部通史、四部断代史、一种札记",但其对专门史亦非常重视。他提倡"专就一种现象的陈迹加以研究"之专门的历史,并且身体力行,在史学实践中完成社会史、民族史、文化史、政治思想史等专史著作,涵盖面很广。且其专门史常常有一种贯通的眼光,既是朝代的贯通,也是"专门"的贯通,如其讲政治思想史、文化史,则先论社会史,因此其专门之中又多贯通,体现了其"综合专门研究所得的结果,以说明一地域、一时代间一定社会的真相"的治学路径。吕思勉先生的历史著作,大多都蕴含着这种"贯通"的眼光。以此为例,是想说明我们精选吕思勉著作的用意,以及帮助读者更好地理解中国历史的希望。

本书初版名为《更新初级中学教科书　本国史》。

目　录

更新初级中学教科书　本国史第一册

第一编　上　古　史

第二编　中　古　史

更新初级中学教科书　本国史第二册

更新初级中学教科书　本国史第三册

第三编　近世史

更新初级中学教科书　本国史第四册

第四编　现代史

第五编　综　论

编辑者言

　　大凡编纂教科书，总是找对于那一门学问，略有研究的人。而人们的性质，对于素所研究的学问，往往易觉其重要，易觉其容易。这样又不可不知，那样又不可不知；这样又不难了解，那样又不难了解；于是材料愈聚愈多，学生的消化力，可就不胜其任了。不能了解，即使记得，亦有何益？况且总是要忘掉的。而勉强记忆，以及过于努力，强求了解，实于真正的了解有害。

　　初中学生读历史，实在只要知道一个轮廓，过求详细，反要连轮廓而丧失掉的。古人说：对马的认识，在牝牡骊黄之外的。这似乎是句笑话，其实确有至理。我们现在问：有一条河，其下流是以定期泛滥的，因此遗下很肥沃的土地，为世界上最古文明的源泉。这是什么河？在什么国里？不常读书的人，或者仓猝之间，竟记不起尼罗埃及的名字。然而只要这个人，是受过教育；他所受教育，不是白受的；总记得这条河是在非洲的北部，决不会误以为在欧洲在亚洲，而河流与文明的关系，与最古文明的关系，他也还是了解的。如此，这个人的书，就算是没有白读。反之，在科举式的考试下读书，竟可以尼罗埃及等名词，背得烂熟，而这一条河，在历史上，在地理上，有何等关系；因而与人有什么关系；竟茫然不知。有时或者会照书上所说的，默写、背诵出来，而于这句话的内容，其实并没有了解。

这种教育,就算白受了。然而勉强注入的材料太多,其结果必至于此。

这一部书,颇想力矫此弊,凡是不必要的材料,我都尽力删除;不必要的人名、地名等,尤其是概不阑入。譬如江苏教育厅所定的进度表,《隋唐之社会与教育》一课,中有《唐代道教之改革》一条,我觉其不必要,从北魏寇谦之以后,对于道教,就不再叙述了。又如《近代史》叙清代的学术,我只说明考据是怎样一种学问,有什么用处,清代考据家的名字,我一个也没有列入,这在以博闻强识为读书,以读书为学问的人看起来,或者竟是笑话。然而既不懂得他们的学问,知道了戴震、惠栋、段玉裁、余箫(萧)客等名字,有什么用处呢?有种人名,举出几个,是不要紧的。譬如李白、杜甫,因为学生很容易读到他们几首诗。又如颜真卿、柳公权,则或者曾用他的字做过范本。

有等学生,天分高超的,或者以教科书所举为不足。然而就是天分低的学生,亦决不会以教科书所举为已足的,教科书原不过是教授的中心而已,不过宁可简单些。以此为中心,让他自己去泛览。不要把教授的材料,堆积得太多了,以致埋头诵读尚来不及,更无余力,泛览他书。因为凡自以余力泛览的书,大抵是兴趣所在,容易了解,自然也容易记忆。

以上是我编辑这部书宗旨的所在,以下还有几条凡例:

(一)这一部书中所定的细目,我自以为是颇费斟酌的。但我对于初中历史教授,是没有经验的。究竟适用与否,亦不敢自信。海内的教育家,如肯赐教正,最所欢迎。部定的课程标准,自然不能改动;斟酌改良,全在这细目中也。

(二)进度的迟速,自然不能十分刻定的。我每一册前,都附列一张进度表,以备教师诸君参考,并求教正。进度表每学期以十六星期计，末一学期，只十二星期，以备腾出时间，将全书温习。

（三）每章之后，附有习题。百分之九十几，都以启发思想，引导其了解相当的理论，并和别一科互相联络为主，都不责记忆的。然我自信：对于此等问题，如能了解，历史上的事实，决不至于茫然不忆。我很希望学校教师，甚而至于官厅会考，出题都以了解为主，勿责记忆，我所列的问题中，有一小部分，是要学生根据亲身的经验作答案的，这是所以将本书与事实，联结为一，引导他使知书中所记载，就是社会上的某种事实。此法尤可随时随地，广为利用。

（四）注释及参考一项中，所举的参考书有两种：一种是本文所依据，该知道其出处的，列之以备查检，但不查检亦无妨。一种是以备学生参考的。其中专备某一事件参考的，即于该处正文之下，附注一、二、三、四……数字，应参考之书，即在后文一、二、三、四……项下举出，不再与注释分别。其供给全章参考的，则附于注释及参考一项之末。参考书能举出篇名、章、节或叶数的，都经举出。其不能的，则但列书名。间有卷帙较多的，则或联合几人分看，或自己泛滥大概，只好希望教师随时指导的了。

（五）凡地名，可免用古地名的，均即用今地名。其不能，或用今地名反不清楚的——如行政区画——则仍用古地名，而于附注中详其今地。外国人地名，亦于注释项下，附列原文。

（六）凡图表，都是与书不重复的。这是所以养成学生阅读图表的能力。

更新初级中学教科书
本国史 第一册

第一编　上　古　史

第一章　太古之传说

传 说 的 价 值

　　地球的有人类,已经几十万年了;人类的有历史,却不过几千年。因为历史,是要有了文字,才会有的。没有文字以前,就只得凭向来的传说,加以幼稚的思想,把他附会联贯起来了。然而传说虽然幼稚,其中总也包含着些思想和事实。现在科学发达了,历史不完备的地方,可以借别种科学来补足。如地球如何生成? 生成之后,有何变化? 可以借助于地文学和地质学。地球上什么时代有生物? 又什么时代才有人类? 有了人类之后,又是如何进化的? 可以借助于古生物学和人类学。如此,历史的年代,就渐渐的延长了。根据着这种眼光,来看古代的传说,我们就愈觉得有味。

进化的三时期

　　人是会使用工具的,研究人类学的人,就把他所用的工具,来分

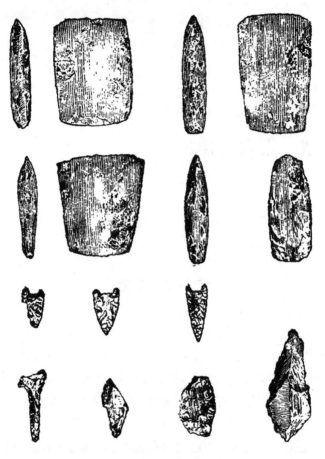

中国旧新石器时代之石器

在河南渑池县仰韶村发见。发现历史，可参考卫聚贤《中国考古小史》四十四页（商务印书馆本）。

别他进化的时代，最初所使用的，大抵是天然的石块，虽然略加改造，离天然的形状，总还是很近的。这个唤做"始石器时代"。后来进步了，便会把天然的石块，改造成自己所要用的样子，唤做"旧石器时代"。再后，并能造的狠精致了；这个，唤做"新石器时代"。石器时代所用的锤、刀、镞等物，看似粗劣，却帮助人类做成了许多东西；而且在对动物的斗争上，很是有利。用火，也是人类的最大发明。有了火，人就可以得光明，得温暖；也可以做防卫和攻击的手段。而其关系尤大的，则是易于将东西改造，譬如天然露出的金属，给人类取得的，就可以把他打成器具。就是和土混杂的，亦可借火的力量，把土烧掉了取出来。如此，就渐渐的先进于用铜，后进于用铁了。人类进化的步骤，大略如此。

三 皇 的 传 说

中国古代，较确实的传说，是和火的发见同时的。古代传说，开天辟地的叫做盘古。此系秦汉间的传说，见任昉《述异记》及徐整《三五历》篇，系据《绎史》卷一《开辟原始》篇转引。其次有所谓三皇，三皇五帝异说甚多，本书三皇之说，系据《尚书大传》；五帝之说，系据《史记·五帝本纪》。欲知其详，可参看拙撰《白话本国史》第一编第二章（商务印书馆本）。三皇第一个是燧人氏，便是发明取火的法子的。第二个是伏羲氏，他制造网罟，教人民打猎、捕鱼。第三个是神农氏，就要教人民种田了。

【习题】

（一）何谓史前时代？其时代既在史前，我们何以会知道？

（二）如何根据人类所用的工具，把他的进化，分做三个时代？为什么用铜优于用石，用铁又优于用铜？

第二章　中华民族之建国

搜集渔猎畜牧农耕四时代

人所以维持其生命的,最紧要的便是食,而取得食物的方法,亦随时代而不同。最初只是到处游行,遇见可吃的东西,就取来吃,这个唤做搜集时代。进步些,能和动物斗争,则入于渔猎时代。一定的地面上,可供渔猎的动物,是有限的,有时候还不能渔猎;所以在这时代的人,常常挨着饥饿。于是在草原之地的,进化而为畜牧;在山林川泽之地的,就进化而为农耕。

国 家 的 起 源

国家不是最初就有的;是社会发展到一定的阶段,才建立起来的。搜集时代,不必说了。就渔猎时代,文明程度,也嫌太低,而且因受食物的制限,所团结的人,亦觉得太少。游牧时代,团结的人固然多了;文明程度,也固然较高了;毕竟是逐水草而居,和一定土地的关系不密切。农耕社会,则又内部太觉平和,分不出治者和被治者的阶级来。古代的农业公产部落,内部的关系,是很平和的。孔子所谓大同,大概就指的这个时代。可参看拙撰《大同释义》(见《文化建设杂志》第一卷第九、第十两期)。所以往往不能形成国家。国家最普通的起源,是畜牧和农耕两种部落的结合。原来畜牧民族,性喜侵略,往往把农耕民族征服。而农耕民族，安土重迁，宁愿纳贡表示服从，而不愿意逃走。游牧民族，就始而征收其贡品；继并迁居其部落之内，代操其治理之权，形成治者和被治者的关系，国家就于此成立了。

这是政治学家的成说，返观我国的古史，似乎也是符合的。

中华民族的起源

地球上的人类，其初该是同出一源的。因为环境的不同，影响到容貌上，而分为许多种族；又因文化的不同，而分为许多民族。中国大陆，在古代是有许多民族，杂居其间的。而在黄河流域的华族。中华民族的起源地，说者各有不同，但以从中亚细亚迁来逐渐到黄河流域之说，比较近是。自从民国十年以来，北平西南的周口店，发见一种猿人遗骨，称为北京人，又名中国猿人，推算年代，当在五十万年至百万年左右。似乎中华民族的祖先，就发源于中国本土。或者极古时候已由中亚迁来了。就是后来称为汉族的，文明程度最高。汉族在太古时代，似乎分为两支：一支在河南的，是燧人、伏羲、神农，从渔猎进化到农耕。普通以伏羲为游牧时代的酋长，乃因"羲"又作"牺"，"伏"又作"庖"，因而生出"驯伏牺牲"，"取牺牲以充庖厨"等曲说。这是不对的。伏羲二字，乃"下伏而化之"之义，见《尚书大传》。一支在河北的，则以畜牧为业，这就是黄帝之族。《史记·五帝本纪》说："黄帝迁徙往来无常处，以师（人众）兵（军械。师兵，犹言武装的徒众）为营卫。"所以知其为游牧民族。当神农氏的末年，两族曾起过一次冲突，就是所谓阪泉、涿鹿之战。据《史记·五帝本纪》说：神农氏这时候衰弱了，诸侯互相攻击，神农氏不能征讨，诸侯之中，蚩尤氏最为暴虐。黄帝和蚩尤战于涿鹿，把他擒杀。又和炎帝战于阪泉，三战然后得胜。诸侯乃共尊黄帝为天子。其结果，黄帝之族得利。从此以后做共主的，就都是黄帝的子孙。虽然古代的天子，未必有多大权力，然而共主的统绪，相承不断，我国建国，就此放下基础了。

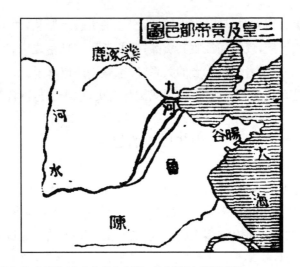

燧人氏,出旸谷(今山东半岛之地),分九河(今黄河下流)。
伏羲氏,都陈(今河南淮阳县)。
神农氏,都陈,徙鲁(今山东曲阜县)。
黄帝邑于涿鹿之阿(涿鹿,山名,在今河北涿县。阪泉,当在涿鹿附近)。

五 帝 系 图

(一) 黄帝 { △——△——(三)帝喾——(四)帝尧
              △——(二)帝颛顼 { △——△——△——△——(五)帝舜
                              △——禹

【习题】

(一) 为什么社会进化,可依其取得食物的方法而分等级?

(二) 试略述最普通的国家起源之说。世界上先有国家,还是先有社会? 现在有无国家的社会否? 国家将来能否消灭?

(三) 中国民族,在河南的进化到农耕,在河北的却以畜牧为业,和地势有无关系?

(四) 何谓共主?

第三章　唐虞夏商之政教

唐虞时代的情形

立国是要有两种力量的：一种是文化，一种是武力。古代炎、黄二族，论文化，似乎炎族较优，论武力，似乎黄族较强。两族合并之后，中华民族，就可以发扬其光辉了。炎、黄二族，大约本来是很接近的，所以同化很为容易。黄帝还以游牧为业，到唐尧时候，就已经改事农耕了。何以见得呢？因为《书经》第一篇《尧典》，是记载尧时候的事情的。其中载尧命羲、和四子，分驻四方，推步日、月、星辰，制成历法，以教导农民。可见其时对农业，已经很重视了。所以这时代的政教也很有可观。

尧 舜 的 禅 让

尧、舜的禅让，禹的治水，都是给后世的人心以很大的影响的。据《书经》上说：尧在位七十年，因年老，倦于政事，要想传位给当时管理四方诸侯的官，唤做四岳的，四岳不敢承允。这时候，虞舜尚在民间，因其有德行，众人共举他。尧乃举舜，试之以政事。后来就使他摄政，传以天子之位。尧死后，舜让避尧的儿子。诸侯都归向舜，舜才即天子位。后来用同样的手续，传位于夏禹，禹即位之后，也是豫定将王位传给益的。而禹之子启贤，天下都归心他，启遂即天子位,而唐虞时代的"官天下"——禅让制度,就一变为"家天下"——世袭制度。

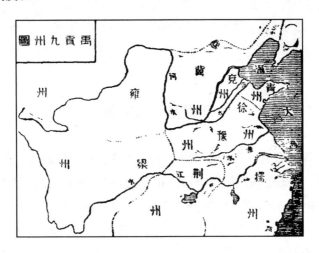

禹 的 治 水

当尧的时候,天下有洪水之患。舜摄政,举禹,叫他去治水。禹乃先巡行各处,看定了地势;然后用疏浚之法,导小水使入大水,大水使入海。当时独流入海的,是江、淮、河、济四条水,谓之"四渎",为诸水之宗。

唐 虞 的 政 教

当禹治水的时候,益、稷两人,都是他的辅佐。益把山泽之地,放火焚烧,禽兽都逃匿了。弃乃教民稼穑,契做司徒的官,又继之以教化。契封于商,便是商朝的祖宗;弃封于邰,便是周朝的祖宗。
商,今陕西商县。邰,今陕西武功县。

夏 商 的 兴 亡

夏启即王位之后，传子太康。因淫佚，为有穷国君羿所篡。后来羿又为其臣寒浞所杀，并灭夏朝的王相。相的儿子少康，才灭浞，号称中兴。尧、舜、禹三代，本来都是建都在太原的。少康复国之后，则似乎建都在河南，所以到夏桀时，其都城却在阳城了。今河南登封县。夏代共传十七主，约四百年，而为商所灭。商汤灭夏后，建都在河南的偃师。其地称为殷，所以又称殷朝。后来屡次迁都，亦都在黄河两岸，共传三十一世，约六百四十多年，至纣，为周武王所灭。

夏 商 的 政 教

夏、商两代，可考见的事情，还不很多。论其大略，则古书多说"夏尚忠，商尚质"。可见其时的风俗，很为朴实；而生活程度，也还不高。又孔子说："禹尽力于沟洫。"可见其时，对于农田水利，颇为讲究。然而夏朝的税法唤做"贡"，是取几年收获的平均数，以定每年应纳的税额，丰年不能多，凶年不能少。这个却远不如商朝的"助"法了。助法是把田分为公私。只借人民的气力，助耕公田，而不再税其私田的，这个就是所谓井田之制。从前论税法的人，都说他最好。又商汤死后，他的孙子太甲在位，因其不守成法，宰相伊尹，曾把他放逐在桐的地方三年。太甲悔过，才把他迎接回来。而据孔子说：则商代新君即位，三年之内，是不管事的，百官都听命于宰相。可见商代相权颇重，又商代的君主，多是兄终弟及的，亦和周朝传子之法不同。

【习题】

（一）何以见得炎、黄两族，本来很为接近？

（二）何以尧时发明历法，就知道其时注重农业？

（三）禅让之说，你以为是可信的？还是可疑的？

（四）禹的治水，是用什么法子？和现在筑堤之法，同异如何？

（五）《禹贡》九州，包括现在的几省？

（六）为什么益要把山泽之地，放火焚烧？烧了，与农业有何关系？

（七）贡法为什么不如助法？

（八）为什么古代的相权大，后世的相权小？相权还是大的好？还是小的好？还是二者各有利弊？

第四章　上古之文化与社会

食 的 进 化

中国的进化,大约自三皇以来。其初所吃的东西,是草木之实,鸟兽之肉;见《礼记·礼运》。和水中的蜌蛤等类。见《韩非子·五蠹》。后来进化了,渐渐的知道吃各种植物,这个唤做"疏食"。疏食二字古有两义:(一)其初因菜类较谷类为粗疏,所以对于谷食,而称谷以外的植物为疏食;(二)后来亦称粗的谷类为疏食,更后乃以疏食专指粗的谷类,而别造蔬字,以为菜食之名。此处的疏食二字,是依第一义指谷以外的植物的,谷以外的植物,后世的人,不用为主食品,古人则不然,《管子·八观篇》说:"万家以下,则就山泽;万家以上,则去山泽。"可见当时,靠疏食还能养活许多人口。从疏食再进一步,就会谷食了,古书上说神农尝百草,因而发明了医学,这正是疏食时代的事。

衣 的 进 化

衣服:最初所着的,是鸟兽的羽皮;或者把植物的叶子编起来,着在身上;这个唤做皮服和卉服。皮服、卉服的名词都见《书经·禹贡》。后来发明了利用植物的纤维,才会用麻。相传黄帝的元妃嫘祖,是发明养蚕的。见徐光启《农政全书》引《淮南蚕经》。从此以后,又会用丝做衣料了。裁制的方法:最初只是用一块皮,遮蔽下体的前面,这个就是所谓韨。连后面也遮蔽起来,就是所谓裳了。着在上身的唤做衣。有一种,把衣裳连在一块的,唤做"深衣"。有袴管的:短的唤做裈,长的唤做袴。除童子外,没有以短衣和袴为外服的。天子、诸侯、大夫、士等,朝服、祭服,都是衣裳分开的,平时则着深衣,庶人则径以深衣为礼服。深衣是用白布做成的,不染色。古代服,是讲布的精粗的,不讲颜色,平民穿的衣裳,都是本色,所以称平民为白衣;就是贵族,在平时着的,也是白衣。戴在头上的,最尊重的唤做冕,次之是弁,通常所戴的是冠。这冠和带,是古人看得最重要的,所以中国人总自称为冠带之国,庶人亦用一块巾裹着头发。脚上穿的唤做袜,以外又有履。冬天是皮的,夏天是葛的。又有绑腿,唤做"行縢",亦唤做"邪幅"。

韨,后来着在裳外,以为装饰。据郑玄说,是渔猎时代,只知道遮蔽下体前面时的衣服。

冕,上有木板,前面用线穿着珠玉垂下来,谓之旒。天子的冕有十二旒;诸侯以下,递减两旒,至三旒为止。两旁又有线棉做的丸,垂到耳边谓之纩。这该是野蛮时代的装饰,流传下来的。

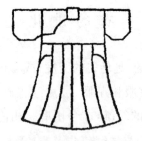

深衣的裳,分为六幅;裳的下端和上端,为三与二之比,所以无须打褶。其余的裳,都是不分幅而打褶无数,谓之"襞绩。"

住 的 进 化

居住：最初有两种，一种住在树上，唤作巢居；一种在地上掘一个窟窿，人住在里头，唤做穴居。进步些，能在地面做起一个土堆来，像现在的坟一般，则唤做"复"。见《诗经·绵疏》。从巢居进化到会把树木砍伐下来，照自己的意思，搭成架子；从穴居进化到会版筑，先在两面立了木版，墙要筑到多少厚，木版的距离就是多少宽，把土填在版中间，然后筑坚他。在这架子的四面，筑起墙来；上面盖着茅或瓦，就成功所谓宫室了。宫室的发明，据《易经·系辞传》上说，是在黄帝、尧、舜的时候。这时候，还发明了棺椁，而且会"重门击柝，以御暴客"。

行 的 进 化

当人住在山林中的时候，是只有人走出来的小路的，这个古人唤作蹊径。这时候，遇见小的水，就径在水里走过去，唤作"徒涉"；大的水，就没有法子了。后来住到平地上，路宽广了，也平坦了，就可以利用牛马，于是又发明了车，而且也发明了船。这等进化，据说也在黄帝、尧、舜时候。

工 具 的 进 化

和黄帝打仗的蚩尤，古书上都说他是"造兵的人"。"兵"，就是现在所谓兵器，古人是用铜做的。大约是炎、黄之间所发明。从周朝到汉朝，大概兵器是用铜，农器是用铁。《易经·系辞传》上说：神农作耒耜，黄帝作弓矢，都是用木的。这时候的箭，大约是用石镞的。

大约金属虽然发明，还没有能彀广为利用。到了商代，才为金石并用时期，已有精巧的铜器，如钟鼎之类留传后世。相传纣王曾作玉杯象箸，亦足征那时进化之程度了。

宗教和哲学思想

以上所说的，是物质方面的进化。至于精神文明，则古人所笃信的为宗教，而哲学思想，亦就伏羲画八卦，该是古代所崇拜的八个神。大禹时代，又有五行之说。五行，大约是古人所认为万物的原质的。借其相生相克，来说明万物的变化。

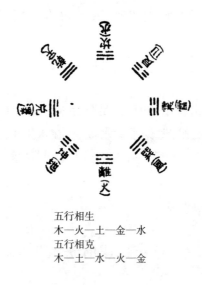

五行相生
木—火—土—金—水
五行相克
木—土—水—火—金

文 字 的 发 明

古书上多数说仓颉是造字的人，也有说他是古代帝王的，也有说是黄帝史官的。这都不确，因为文字本是迫于需要，众人合力，慢慢创造出来的。古代人民，结绳记事，后来才有书契，为文字之始。最初多属象形文字，如日字象日，月字象月，鱼字象鱼，鸟字象鸟。文化渐近，文字也渐多。遂有指事、会意、谐声、假借、转注五项以次出现，和象形称为"六书"。六书，除象形外。指事是直指其事，如上、下二字，人在一上为上，人在一下为下。会意是体会字的意义，如武、信二字，止戈为武，人言为信。谐声是半形半声，如江、河二字，水旁为形，工可为声。转注是可以展转互注的字，如考可训老，老亦可训考。假借是一字两用，如令为命令，又为司令，又训贤良；长为长短，又为长官，又训优长。

古 代 的 氏 族

人类最初的团结，是靠着血统的。当夫妇之伦未立时，人本来只知道母亲，不知道父亲是谁。后来夫妇之伦，虽然渐渐确立了。然而这时候，男子都是在外面，从事于战争打猎等事情。在后方看守器物，抚育儿童等事，都是妇女担任的。所以这时候的家，完全是女子所有。论血统，也是以女子为主。这就是社会学家所谓女系氏族。中国的姓，最初就是代表女系的。驯伏动物，大概从来就是男子的事情。所以到牧畜时代，生产渐渐以男子为中心。农业虽说是女子发明的，农业为女子所发明，是现在社会学家之说；求之古书，也是有证据的，如古人祭祀时，男子所进的祭品是动物，女子所进的是菜果之类。初次相见所送的贽，男子是羔、雉等类，女子却是榛、栗之类。到要开辟山林的时代，也就转入男子手中了。于是女子渐处于从属的地位，姓也改而代表男系。

部 落 和 民 族

人是生来会合群的，所以其团结，并不以血统为限。文化渐次进步,住居相近的人,就渐渐的联合起来了,这就是所谓部落。一部落之中,语言、风俗、信仰等,自然都相同。就是接近的部落,也会渐渐同化的。此等文化相同的人,就成为一个民族。

工商业的兴起

使人分裂争逐的是政治,把人连结起来的,是文化和经济。在古代,各个部落,大概都是自给自足的,后来交通渐渐的便利了,人的欲望,也渐渐的增加了,就发生交易的事情。最初的交易,只是以物易物;没有定期定地的。交易渐渐的繁盛了,就会约定时间和地方,像现在的市集一般。《易经》上说神农氏日中为市,就是这个道理。这时候,货币也渐渐发生了。用作货币之物:大约渔猎民族是贝,游牧民族是皮,农耕民族是粟、帛。金属,因其便于收藏,易于分割,渐渐的为各种人民所爱用,就发生古代的钱刀。最初所交换的,大概都是天产品。因为这时候,用具粗劣,人人都会自造的。亦或一民族中,因原料的出产,或技艺的精良,所制造的东西,是别一个部落所没有,或虽有而不及他好,这种制造品也会出现于市场之上。商业的刺戟,是可以促进产业分化的;如此,各部落中,亦就慢慢的发生所谓工业家了。

【习题】

（一）人为什么要从肉食进化到疏食？再从疏食进化到谷食？

（二）古人的衣服,和现在的中装,同异如何？和现在的西装,同异又如何？

　　（三）为什么从前的人，称建筑为土木之工？

　　（四）巢居、穴居，怎样会变成宫室？试述其进化的途径。

　　（五）古人交通所利用的，是什么一种力？

　　（六）我国在什么时候，从用铁进于用铜？

　　（七）以五行生克说明万物变化，可信否？是智信，还是迷信？此等见解在古代算迷信否？

　　（八）怎见得文字不是一个人所造？现在有造字的人否？

　　（九）如其在女系时代，你姓谁的姓？

　　（十）为什么古代的家庭，属于女子？

　　（十一）人有血统、地域，两种团结的法子，试述之。

　　（十二）何谓民族？

【参考】

　　本章可参看陶孟和《社会进化史》。

第五章　周之建国及其政教

周朝的建国

　　夏、商以前，史事可考的较少，周朝就不然了。这一则因为年代较近，所传的书籍较多；二则因为周朝的文化，更为进步之故。周朝从后稷弃受封以来，似乎颇受外族的压迫，但他始终能彀保持农业社会的文明。到周太王（古公亶父）以后，就强大起来了。文王时，三分天下有其二，但还"以服事殷"。到武王，才合诸侯于孟津，_{黄河的渡口，在今河南孟津县。}把纣灭掉。这时候，周朝对东方权力，还不甚充足。所以仍把纣的地方，封其子武庚；而武王派三个兄弟去监视他。_{管叔、蔡叔、霍叔，分处纣的畿内，合称"三监"。}武王死后，子成王年幼，武王兄弟周公旦摄政，武庚和三监都造反。淮夷、徐戎，亦都响应。_{淮夷，在淮水流域。徐国，在今安徽泗县。}周公东征，把武庚和三监灭掉。又使他的儿子鲁公伯禽，_{周公封于鲁，没有就国，叫儿子伯禽去的。}打破淮夷、徐戎。经营洛邑为东都。周朝的王业，到此就大定了。

西周的兴亡

　　周公平定东方之后，制礼作乐，归政于成王。周朝文明的进步，大约就在这时候。成王和他的儿子康王两代，算是西周的盛世。康王的儿子昭王,南征不返,这一次,似乎是伐楚而败的。这一次实在伐楚而败,以致淹死在汉水里的;这时候的楚国,在今河南丹、淅二水的会口;可参看拙撰《白话本国史》第一编第四章第五节。王室就开始衰微了。昭王子穆王,喜欢游玩。现在有一部书,唤做《穆天子传》,是记周穆王西游的事情的。据这一部书,当时穆王的游踪,要到亚洲的中部和西部,这是决不可信的。这部书是南北朝时代出现的,一定是汉朝既通西域以后的伪品。穆王西游的事,见于《史记·秦本纪》《赵世家》,都没有说出所游的地方来,以理度之,一定不能甚远;不过在今陕、甘境上罢了。徐偃王乘机作乱。这一次,却靠楚国帮忙打定。五传至厉王,因暴虐,为国人所驱逐。卿士周公、召公当国行政,谓之共和。周初周公旦、召公奭的后人,世为周朝的卿士。厉王死在外边,才立其子宣王。宣王号称中兴。然其子幽王,又因宠爱褒姒之故,把申后和太子都废掉,申国,在今河南南阳县。申侯就和犬戎伐周,把幽王在骊山下杀死。骊山,在今陕西临潼县。太子

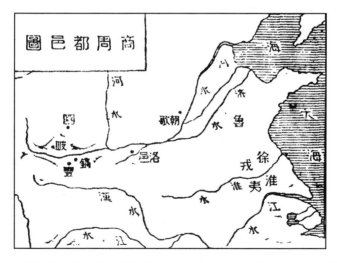

周后稷弃封于邰,后世失其地,窜于戎狄之间。至公刘,居于豳(今陕西邠县),复修后稷之业,九传至太王,为狄人所逼,徙岐山下(今陕西岐山县)。文王居丰,武王居镐(皆在今陕西鄠县)。纣都朝歌,今河南淇县。洛邑,今河南洛阳县。

宜臼即位，东迁洛邑，是为周平王。从此以后，史家就改称他为东周了，西周共十二主，二百六十多年。

周朝的封建制度

西周是封建制度的全盛时代。古代的部落，彼此的关系，是很少的。后来渐相往来，就有互相攻击的事。战败的国，对于战胜的国，就要表示服从，尽朝贡等礼节。这是封建政体的第一步。再进一步，就要把他的旧君废掉，改封自己的同姓、亲戚、功臣等了。西周时所封的国，这三种人狠多。可见当时的王室，权力颇为强大。当时不但国外，就天子、诸侯，国内的卿、大夫，也是各有封地的。国和家，虽有大小尊卑之异，性质并无不同。内诸侯虽说不世袭，事实上也有世袭的。

内诸侯	外诸侯封地	
三　公	公　侯	方百里
卿	伯	方七十里
大　夫	子　男	方五十里
元　士	附　庸	不及五十里

周 朝 的 官 制

周朝的内官，据汉时讲经学的今文家说：今文、古文是汉朝人讲经学的两个大派别。今文家先出，因为他们的经书，都是用当时通行的文字写的,所以称为今文;古文家晚出,他们自己说,曾得到古本的书籍,都是用古字写的,所以谓之。古文今文家,对于经的解释,有许多不同的地方。又有种书,是古文家有,而今文家不相信的(如《周礼》和《左传》便是)。有种书,是今文家有,而古文家不相信的(如《春秋》、《公羊传》便是)。其问题很为麻烦,我们现在不讲经学,对于他们两派的说法,无所偏主,只用史学上的眼光,分别去取,或者并存其说罢了。可参看本书《中古史》的第四章。有三公、九卿、二十七大夫,八十一元士。三公之职:为司马、司徒、司空。据古文家说:则三公、三孤,都是坐而论道的。政事均六卿所管。前者是汉朝相制所本。后者是隋以后六部之制所本。地方制度,也有两种:一种是今文家说,和井田制度相合;一种则和军制相应。大概古代的人民有两种:一种是要当兵的;一种虽亦会当兵,却不用作正式的军队;所以有这两种区别。这是原于古代的人民,有征服和被征服两阶级,拙撰《白话本国史》第一编第八章第五节、第九章第一节,可以参看。

周朝的学校选举制度

封建时代,有贵族平民的等级,从大夫以上,都是贵族做的。士以下才用选举。这是清朝时候俞正燮先生的说法,可参看《白话本国史》第一编第八章第四节。选举的法子,据《周礼》说:从卿大夫以下的官,都有考察人民"德"、"行"、"艺"的责任。每三年,举行"大比"一次,调查户口和马牛车辇等数目。就在这时候,举出贤者、能者来。这就是所谓"乡举里选"。据《王制》、《孟子》说,则古代城乡,都有学校。在城里的,三代都名为学;在乡间的,则或唤做校,或唤做序,或唤做庠。各乡举出好人来,把他升送到司徒,司徒把他送到学里。在学优秀的,管理学校的大乐正,再把他进之于王。归司马量才任用。在学的时候,乡间举上来的人,和王太子、王子、公卿、大夫、士的嫡子,都是同学的,只论年岁长幼,不分身分尊卑。

《尚书大传》

邻	八　家
朋	三　邻
里	三　朋
邑	五　里
都	十　邑
师	十　都
州	十二师

《周礼》

比(邻)	五　家	比长(邻长)
闾(里)	五比(五邻)	闾胥(里宰)
族(鄹)	四闾(四里)	族师(鄹长)
党(鄙)	五族(五鄹)	党正(鄙师)
州(县)	五党(五鄙)	州长(县正)
乡(遂)	五州(五县)	乡大夫(遂大夫)

周朝的赋税

赋税两字，在现代意义相同。在古代，则税是指现在的田赋，赋是出兵车和马牛等军用品，及当兵的人。周朝的税法名为"彻"。就是使八家共耕其中的公田。按其收获量，取其十分之一，就是田赋之征。此外尚有力役之征，

私	私	私
私	公	私
私	私	私

井田图

如令人民筑城、修道路是。还有布缕之征，即令人民纳绢布若干。据《礼记·王制》说：人民服力役，每年该以三日为限。商业是只收他的地租钱而不收税。关亦只是盘查而不收税。所谓"市廛而不税，关讥而不征"。这句话见在《礼记·王制》和《孟子·公孙丑上篇》。廛是居住的区域，就是后世所谓宅地。

周朝的兵制

军队的编制，以五人为单位。今文家说：师就是军；天子六师，方伯二师，诸侯一师。见《公羊传》隐公五年何休注。古文家说：五师为军；王六军，大国三军，次国二军，小国一军。见《周礼·夏官》。大约今文家所说，是较古的制度；古文家所说，是较晚的制度。当时的军队，是用车兵和徒兵组成的，还没

伍	五人
两	五伍
卒	四两
旅	五卒
师	五旅
军	五师

有用马队。中国交通和军事上，都是到战国时代，才渐用骑的；以前多是用车，这是因为这时候，汉族专居平地，山地都为夷狄所据，尚未开拓之故，可参看顾炎武《日知录·骑》《驿》两条。

周朝的刑法

古代的五刑，据说是始于三苗的。三苗国君姜姓，为蚩尤之后。周穆王时候，还是用这五刑。又制定一种赎罪之法，见于《书经》的《吕刑》篇。但实际出于五刑以外的酷刑，亦在所不免。《左传》昭公六年，郑国铸刑书，晋国的大夫叔向写信给郑国的宰相子产，反对他。信中说："夏有乱政而作《禹刑》，商有乱政而作《汤刑》，周有乱政而作《九刑》。"可见夏朝时候，就有成文法了。铸刑书，就是公布刑法，叔向还加以反对，可见春秋时代，公布刑法的还不多。成文法大概很早的时代就有了。但在西周以前是不公布的。

五刑 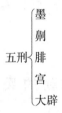 墨
劓
腓
宫
大辟

周朝的教化

以上所说，是周朝政治的大略。至于教化，则在封建时代，大概是守旧的。一切举动，都要谨守相沿的轨范。这个就是所谓礼。虽说"礼不下庶人"。见《礼记·曲礼上篇》。不过行起礼来，不能像贵族的完备，如其违反相沿的习惯，还是要受制裁的，所以说"出于礼者入于刑"。礼是生活的轨范。生活变了，轨范就不得不变。然而当时的所谓礼，却未必能如此。人就有貌为敷衍，而心实不然的，这个就是所谓"文胜"。古书上多说"周尚文"，又说"周末文胜"，我们看

这两句话，就知道封建时代的风俗要不能保持了。

【习题】

（一）西周的根据地，在什么地方？东周的根据地，在什么地方？当周公营洛邑时，周朝的形势如何？

（二）共和行政，还是贵族的权力大？还是人民会自治？

（三）封建制度，是怎样逐渐进步的？

（四）试述周朝六官之制。

（五）古代的人民，为什么一部分当兵，一部分不当兵？

（六）试述《周礼·王制》所说古代的两种选举制度。

（七）试述"贡"、"助"、"彻"三法的异同。

（八）古代的工商业有税否？

（九）何以见得今文家所说的兵制较早，古文家所说的较晚？

（十）何谓五刑？

（十一）何谓成文法？

（十二）古代的法律为什么不公布？法律还是公布的好，还是不公布的好？

（十三）为什么礼要随着时代改变？

第六章 春秋与战国

春秋时列国的争霸

东周以后，王室衰微，不能号令天下，而诸侯争霸之局起。霸主是原于古代的"方伯"。伯字是长的意思，霸字是同音假借字。在古代，天子本可命令一个诸侯，做某一方面的若干诸侯之长，如周文王在纣时做西伯，就是西方诸侯之长；齐太公在周朝初年，管理东方的五侯九伯。这个就是所谓"方伯"，春秋时代，则纯用兵力争夺。强的国，诸侯都服从他，天子亦就命令他做霸主。大抵西周以前，小国多，有一个强国出来，列国都会服从他，如此，便是三代以前的"王"。东周以后，大国多了，虽有强国，不容易达到这个地位，就不能想做"王"，而只争做霸主了。春秋时代，晋、楚、齐、秦号称四大国。吴、越是到末期才强盛的。四大国中，晋、楚两国，争霸的时期最久。

春 秋 大 事 表	
公元纪年	事　　　实
前六七九	齐桓公创霸。
前六四三	齐桓公死，国乱，宋襄公继起图霸。
前六三八	宋襄公为楚所败。
前六三二	晋文公败楚，称霸。

续　表

春　秋　大　事　表	
公元纪年	事　　实
前六二四	秦穆公霸西戎。
前五九七	楚庄王败晋称霸。
前五六二	晋悼公与楚争郑，得胜，称复霸。
前五四六	宋向戌为弭兵之盟，晋、楚的兵争遂息。
前五〇六	吴伐楚，破其都城，楚以秦援得复国。
前四七三	越灭吴。

　　中国历史的有确实纪年，是起于共和元年的，就是公元前八四一年。至七七一年而西周亡，从七七〇年起为东周，至二二一年而秦并天下，又历五百四十九年。其中从七二二年起，至四八一年止，共二百四十二年，称为春秋时代。自此以后，为战国时代，表中的四七三年，实在已是战国的初期了。因其距春秋还不甚远，而吴、越相争，大部分系春秋时代的事，所以破例列入表内。春秋之义，因孔子采鲁国史作《春秋》一书，每年系时以记事，故以为名。战国乃因其时七国战争不止而为名。

战国的互相吞并

战国时代，情形又不同了。前此较小的国，这时候多已灭亡，否亦衰微已甚，不能在大国间做个缓冲，而诸大国则地益广，兵益多，遂成为互相吞并之局。这时候，晋分赵、韩、魏，而河北的燕渐强，合齐、秦、楚为七大国。七国之中，又以秦为最强。因为（一）由地势险固，易守难攻。（二）且秦国民风，最为朴实勇敢。（三）而秦孝公又用商鞅，定变法之令，强迫全国的人民都尽力于农，秦遂成为最富的国家。诸侯之势，本已不能敌秦，还要互相攻战，"合纵"、"连衡"之局，都不能持久，遂次第为秦所灭。秦灭六国用兵的经过，可参看《白话本国史》第一编第五章第二节。

春秋大国	齐	晋		秦	楚	吴	越
战国七雄	齐	赵	韩	魏	秦	楚	越	燕

春秋次国	鲁	卫	宋	郑	陈	蔡

异民族的同化

东周时代，大国都在沿边，这是什么道理呢？原来当时的二等国，如鲁、卫、宋、郑、陈、蔡等，所居的都是古代中原之地，习于苟安，所以其民渐流于弱；晋、楚、齐、秦、吴、越等国，都居于边地，却以竞争磨砺而强。而且边陲之地，都是旷废的，易于开拓，所以幅员也广大了。然则当时的异族，又是怎样呢？古代和汉族杂居在黄河流域的是猃狁，春秋时，分为赤狄、白狄。赤狄在河南、河北、山西，都灭

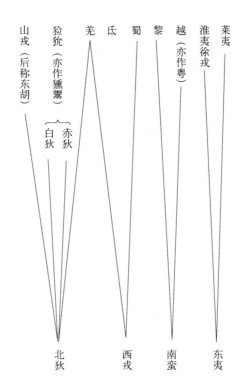

于晋；白狄在河北的灭于晋，陕西的灭于秦。羌人在陕、甘境上的灭于秦。嘉陵江流域的巴，岷江流域的蜀，战国时亦为秦所灭。长江中流的民族，古称九黎，属于三苗之国，周以后，其他为楚国所开拓淮水流域的淮夷、徐戎，亦服楚。山东半岛的莱夷，则灭于齐。闽粤断发文身的民族，古称为越，吴、越先世，都是和此族人杂居的，越灭后，其王族还散布沿海一带，做他们的君长。而楚王族庄跻，又溯牂牁江而上，直打到现在的云南省城，就是当时所谓滇国。赵武灵王胡服骑射，开辟了现在的大同。燕国则排斥东胡，开辟了现在的辽热。总而言之：到秦灭六国时，黄河、长江两流域和辽、热两省，都已入中国的版图了。

【习题】

（一）什么叫霸主，霸与王有何区别？

（二）春秋战国时的大国，那几国在黄河流域？那几国在长江流域？长江上游中游下游流域，那一处最为强盛？

（三）战国的秦国独强的原因如何？

（四）商君的政策如何？

（五）在边陲之国，为什么会强？又为什么会大？

（六）试画一张古代民族分布图。

（七）东北是什么时代入中国的版图的？离现在约有多少年？

第七章　周代之社会概况

封建时代的社会组织

周朝是一个社会组织剧烈变迁的时候。为什么呢？古代的社会，大抵是自给自足的。其时经济的基础是农业，农人所种的田都是公家的，用公平的方法分配工人所做的器具，是供给众人用的，由公众养活他。古代公产社会里，本有这一种人，到封建时代，就成为工官。商人是代表本部落，到别部落去交换的，盈亏和他本身无关。所以这时候的人，无甚贫富之差。只有有土的封君，可以征收租税，还可以使人民服劳役，是比较富裕的。这是封建的全盛时代。

商业资本的兴起

到商业兴起后，社会的组织，就要逐渐变迁了。此时各部落的生活，实已互相倚赖，从前要多造的东西，这时候可以不造，而向人家换得；该少造的东西，却可以多造，去和人家交换。从前职业的分配，就不再合理，就要逐渐破坏了。向来平均分配的田，因人口增加，感觉不足，于是用为经界的阡陌、沟洫，逐渐被人开垦。田间的陆地，总称为阡陌，亦就是往来的道路。水路总称为沟洫。把这些地方，开垦做田，总称为"开阡陌"。世人误以为开阡陌是商鞅所做的事，这是错的。开阡陌是人口增多，土地不足时自然的趋势，商鞅不过承认他罢了。可参看《白话本国史》第一编第九章第三节。田的分配，就不能公平，没田种的，愿意出报酬，借人家的田种；只有坏田的人，也愿意出报酬，种人家的好田，就发生所谓田租。国家对于农田所征收的，古代谓之"税"，汉时谓之"田租"，宋以后谓之"赋"。有领土权的私人，征收佃农的，历代亦称为田租，又称地租。土地不曾私有时，只有国家所收的为田税，所以税额减轻，农民就受实惠；私家所收的地租发生后就不然了。田以外的土地，总称为山泽。从前本来公有，遵守一定的规则，大家可以使用。如《孟子·梁惠王上篇》所说的"数罟不入污池，斧斤以时入山林"。至此，亦落入私人手中。如《史记·货殖列传》所载，因种树、畜牧、开矿、煮盐致富的人，就是占据山泽之地的。工业也变做私人营利的事业了。商人则买贱卖贵，更可以得大利。人民的贫富，就渐渐不均。富者的势力，逐渐增大，虽封君也无如之何了。何况这时候的贵族，还在互相兼并，"破国亡家者相随属"呢？这是商业资本抬头，封建势力，逐渐没落的时代。东周之世，这种趋势，正在加速度的演变中。

等 级 的 破 坏

封建时代，人是要讲究身分的。饮食、衣服、宫室、车马，各有等级，丝毫不能僭越。商业资本既兴，此种等级，就不能维持了。前此贵族对于平民，是有很大的势力的；至此亦逐渐丧失，而代之以富人对于穷人的权力。甚至贵族的本身，也不能不俯首乞怜于他们。总而言之：从前的富和贵、贫和贱，是合一的；这时候，富的人，实际上就受社会尊贵，穷的人就被贱视。虽然在法律上的地位，富与贵、贫与贱，都得一样受法律的制裁，确只是具文而已。

宗 法 的 破 坏

　　古代平民的家庭,本止五口、八口,贵族则多系聚族而居。在父权伸张的情势下,就发达而成宗法。宗法是崇奉一个男子做始祖,他的继承条件,第一个是嫡,第二个是长,嫡长子代表始祖,是为大宗宗子。以后代代如此继承。嫡长子之外,其余的儿子,都别为小宗。小宗宗子,可以管辖五世以内的亲族,就是从自己高祖分支下来的人。大宗宗子,则凡同出于始祖的人,都要受他管辖。所以古代的贵族,团结的力量极厚。然而此等制度,做宗子的,必须为有土之君才行。因为如此,才能养活其族人;否则各自谋生,就要散而之四方了。所以宗法是要和封建并行的。封建制度,既然日渐破坏,宗法也就逐渐没落,都变做五口、八口的小家庭了。五口、八口之家,是"一夫上父母,下妻子"。这是财产私有之世,相生相养,天然的一个团结。至于合数百口而成一大家族,则是交易未盛,每一个大家族,即为自给自足的生产团体,有以致之。交易盛行之后,此等家庭团体,自然不能存在了。普通的议论,都说中国人是大家族,这是错的。中国此等大家族,除非内地经济极落后的地方,还有存在;以中国之大论起来,实在不算得什么,较之欧洲人,只多上父母一代。宗法制度,可参看《白话本国史》第一编第八章第一节。

【习题】

　　(一)封建时代的经济情形如何? 为什么商业兴盛,会把封建时代的社会组织破坏?

　　(二)何谓"开阡陌"?

　　(三)根据于土地所有权的田租,如何兴起?

　　(四)何谓山泽?

（五）何以封建时代，富与贵合一？商业资本时代，富与贵分离？平民在封建社会中，与在商业资本社会中，孰为有利？

（六）宗法是父系制？还是母系制？宗法的继承法，与殷代的继承法，同异如何？

（七）为什么宗法要与封建并行？

（八）在宗法制度下，妇女的地位如何？

第八章 春秋战国之学术思想

学术思想发达的原因

春秋战国时代，社会组织，虽然日益变坏，学术思想则确是大有进步。第一，在封建时代，学术为贵族所专有。到社会组织变迁，人民有余力能觳研究学术的人就多了。第二，贵族既多失其地位，一变而为平民。于是在官之学，变为私家自由研究的学问。私人的教育，大为兴盛。第三，其时世变日亟，想借学术以救世的人甚多。而贵族腐败，贤君往往要登庸有才能的人，士人就有以立谈而致卿相的，因此想借学术以弋取富贵的人，亦就不少。合这几种原因，学术思想，就大为兴盛了。

孔 子

春秋、战国的学术派别是很复杂的。我们现在拣几家最重要的来讲讲。在当时的人物中，最受后世崇拜的是孔子。孔子的学术，就是所谓儒家之学。他的特色，在能就人伦日用之间，示人以不可须臾离的道理。他的哲学思想，最高的是"易"和"中庸"。易是发明宇宙万有，无时不在变动之中；所以我们做事该时时观察环境，定一个最适当的应付方法，那就是所谓"中庸"了。他对于政治和社会的理想，也是狠高远的。他所想望的境界是"大同"，而其终极的目的，在于治国平天下。至于修身齐家，是达这目的的基本工夫。

孔子问礼于老子

先 秦 诸 子

孔子被后世的人尊为圣人,他所做的书,和后人记他的言行,或记录阐发他的道理的书,亦被尊为经。《诗》、《书》、《礼》(仪礼)、《乐》、《易》、《春秋》,据儒家说,都是孔子所删定的,谓之六经,其中《乐》是没有书本的,所以又称五经。解释经的书,汉人谓之"传",记载故事的,汉人谓之"记";如《礼记》、《春秋公羊传》、《左氏传》、《穀梁传》就是。《孝经》、《论语》汉人亦称为传。《孟子》本是儒家的子书。《尔雅》是儒家的辞典。《周礼》,汉朝的今文家是不信他的,但是这许多,后世也总称为经。《大学》、《中庸》,本是《礼记》里的两篇。宋朝的朱子,把他摘出来,合《论语》、《孟子》,称为四书。其余诸家则都称为子。诸子中重要的有老子。他的见解,是以为后世的社会太坏了,想返到古代的淳朴。他又主张天道是循环的,刚强的人,终必摧折;所以主张守柔。又有庄子,鉴于宇宙的广大和变化无穷,主张齐万物、一生死。老子和庄子的学术,都称为道家。墨家之学,是墨翟所创。他是主张节俭的;又反对当时用兵的人攻击人家,他却极善于守御。主张用整齐严肃的法律去训练人民的是法家。最著名的人物是商鞅和韩非，当时列国，用这一派人物的，多能收富国强兵之效。还有申不害，做过韩国的宰相；李克，亦作李悝，做过魏国的宰相；吴起虽然是兵家，他的治国，也很近于法家的，曾做过楚国的宰相；一时都收富强之效。此外讲用兵的法子的有兵家。讲外交的法子的有纵横家。讲农学的有农家。讲医学的有医经、经方两家。见《汉书·艺文志》。前者是针灸一派，后者是方剂一派。以古代宗教上的迷信做根据，而研求哲理的，则有阴阳家等。先秦诸子之学，是各守专门，各有特色的。后世著书自成一家言，被收入子部的也不少，纵有独见，仍不如先秦诸子了。

【习题】

（一）古代的学术，为什么为贵族所专有？

（二）试作短文一篇，说明"易"和"中庸"的意义。

（三）试述经、子之别。

（四）以刚强而摧折、柔弱而胜利的事，你能毂举其实例否？既然终能胜利，为什么还称他为柔弱？

（五）墨子既然主张非攻，何以他自己又善于守御？

（六）法家之学，何以能收富国、强兵之效？

【参考】

本章可参看江恒源《孔子》，陈柱《老子与庄子》，钱穆《墨子》，孙毓修《苏秦》（均商务印书馆本）。

第九章　本期结论

上古史的性质

从上古到战国，是我国从部落进于封建，从封建进于统一的时代。自此以前，我国还分立为许多国；自此以后，就合为一大国了。这是讲中国史的人天然的一个段落。

上古史的年代

上古史年代，虽然大部分都不确实。然依普通记算：夏朝大约四百年，商朝六百年，周朝八百年，已经有二千年了。此项计算之法，见于《汉书·律历志》，系根据古书中所载的干支及日食等天象，用历法推算的，虽不能密合，却不致如传说等的年代，相差很远。再上推至黄帝元年甲子，则在民国纪元前四千六百零八年了。如依齐召南《历代帝王年表》黄帝元年甲寅，则当在民国纪元前四千六百十八年。秦朝统一天下，在民国纪元前二千一百三十二年，那么，我国开化的时代，就该在民国纪元前五千年左右，在公元前三千年左右了。

民族的同化和疆域的开拓

上古期中，最当注意的，是异民族的同化和疆域的开拓。中国现在,所以能做世界上有数的大国;而人口的众多,且为世界各国之冠;实在是这个时代,建立下来的根基。而这两者,实在还是一件事。

文 化 的 进 步

民族是以文化为特征的。住居中国的民族,照第六章所述,大的也有许多,然都先后同化于我,就可见得我族文化的独优了。什么叫文化呢?依广义的解释,除天然现象之外,一切都该包括于文化之中。合以前各章所述的社会组织、政治制度、学术思想,以及衣、食、住、行等的进化而观之,就可见得我族文化的大略了。

社 会 组 织 的 变 迁

社会的组织,也是随时代而有变迁的。大抵人当生活艰难的时候,总是合力去对付自然的。到生活略为宽裕些,就不免有人要剥削他人了。人的剥削人,有两种法子:一种是靠武力,一种是靠财力。靠武力,就酿成各民族各部落间的斗争,战胜的役使战败的人,而成立封建制度。靠财力,则人和人当交易之时,总想损人利己,本是大家互相剥削的行为了。这都是人类在进化的途中,发生出来的病态。中国古代的哲人,对于社会的病态,都是很注意,想要设法纠正他的。只这一点,也是我国文化的光辉。

【习题】
　　(一)周、秦为什么是中国历史一个自然的段落?
　　(二)从中国有传说的时代起到周末,较之从秦朝到现在,其时间熟长？

（三）民族的同化，和疆域的拓展，为什么就是一件事？

（四）为什么文化劣的民族要同化于文化优的民族？试就生活上举出一两个实例。

（五）如何是人对自然的斗争？如何是人对人的斗争？人对人斗争，要将其对自然斗争的力量减弱否？试举其实例，如何能将人对人的斗争消灭，使其专对自然斗争？

【参考】

本章可参看拙撰《白话本国史》第一编第二章。

第二编　中　古　史

第一章　秦代之统一与疆土之拓展

秦始皇的政策

公元前二二一年,秦王政尽灭六国,统一全国。他自称为始皇帝。有人劝他封建子弟,他不听。而把全国分做三十六郡,秦王政二十六年,自称始皇帝,后世则称二世、三世。是年,分全国为三十六郡,郡名详见《史记·秦始皇本记(纪)》裴骃集解。但近人王国维曾加以考订,纠正错误。始皇后因增置燕齐地六郡为四十二郡,后又取百越增置六郡为四十八郡,盖皆用六为数。并见王著《观堂集林·三十六郡考》。每郡各置"守"、"尉"、"监"三个官。守,汉时称为太守;尉,称为都尉;监,在秦朝是派御史去做的,谓之监御史,汉朝则由丞相派史去做。分全国为十二州,谓之州刺史。又把全国的兵器,都聚到他的都城咸阳,今陕西咸阳县。铸了十二个铜人,和别种器具。又要统一全国的思想,除医药、卜筮、种树的书外,只许博士官有书。博士是太常属官。太常是管礼仪的,博士在秦汉时,都是用学者做的,当时说"官",譬如现在说"公署"。民间的书籍,一概烧掉。史官也只许存留秦国的历史。

秦时疆土的拓展

他又发兵，把今两广、安南、福建地方打平，置为南海、桂林、象郡、闽中四郡。派赵佗率兵五十万戍守五岭，大庾、骑田、都庞、萌渚、越城，皆在两广，与江西、湖南交界之地。这时候北方的游牧民族，以匈奴为最强，据着现在的河套。河套在秦汉时称河南，唐以后谓之河曲，明以来才称河套。秦始皇派蒙恬去把他赶掉，将战国时秦、赵、燕三国的长城联接起来，以为北边的防线。秦朝的长城，大略沿阴山东行，经过热、辽两省的北部，东端要到现在的朝鲜境内；和现在的长城，路线几全然不同，现在的长城，大概是明朝所造，关于长城的始末，可参看王国良《中国长城沿革考》（商务印书馆本）。

秦 朝 的 灭 亡

秦始皇的治国内，规模是颇为阔大的。可惜他严刑峻法，又极其奢侈。打破六国之后，都把他们的宫室，在关中仿造一所，后来又自造一所阿房宫，又在骊山见《上古史》第五章。自营葬地，都穷极壮丽。还要相信方士的话，派他们到蓬莱去求神仙。他自己又要到处游行，借此镇压全国。前二一〇年，秦始皇出游，死在现在的河北省里。他的长子扶苏，因谏止他坑儒，被他谪罚出去，到蒙恬处做监军。古代的太子，照习惯是不带兵的。派他去监军，就是表示不立他做太子的意思。小儿子胡亥，这时候跟随着他。宦者赵高，替胡亥游说丞相李斯，假造始皇的诏书，把扶苏、蒙恬都杀掉。胡亥即位，是为二世皇帝。信赵高的话，把李斯杀掉，政治更乱。秦始皇死的明年，戍卒陈胜，在今安徽地方起兵。于是反者纷纷而起。六国后人，一时俱立。

秦朝派兵出去征讨，初时颇获胜利，后来楚怀王战国时，楚国有个怀王，和齐国联盟。上了秦国人的当，和齐国绝交。秦人趁势把他打败，后来秦国人又诱他去会盟，要求他割地，怀王不听，秦国人就把他扣留起来，死在秦国，楚国人很哀怜他。此时楚国将家项氏，在吴国的旧地起兵，有人劝他立楚怀王的后人，以收拾楚国的民心。项氏听了他，即以怀王的谥法，为其生时的称号。派项籍北救赵，新兴的赵国被围在钜鹿，现在河北的平乡县。刘邦西入关。项籍大破秦兵于钜鹿。刘邦也乘秦朝内乱，二世为赵高所弑，赵高又被新立的子婴所杀，从武关入秦，在今陕西商县之东。这是从河南南阳进陕西的路。子婴只得投降。秦朝就此灭亡，时在前二〇九年。

楚 汉 的 分 争

　　秦朝的灭亡，也可以说是封建政礼的一个反动。于是六国之后，和亡秦有功的人，都自立为王。当时兵力最强的是项籍，所以封地的支配，实际是由他决定。他自立为西楚霸王，铜山一带，战国时也是楚国的地方，当时称为西楚；霸王的霸，就是霸诸侯的霸，当时所封的人都称王，项籍是诸王之长，所以称为霸王。建都在现在的铜山县。刘邦则封于汉中，称为汉王。分封才定，山东、河北方面，已有不满现状起来反抗的人，项籍出兵征讨。汉王乘机，打定关中。合好几国的兵，直打进楚国的都城，被项籍还兵打破。汉王乃坚守荥阳、成皋一带。荥阳，今河南荥泽县，这是黄河的一个渡口，守此，楚兵就不能渡河而北。成皋，今河南汜水县，其西境就是虎牢关，守此，楚兵就不能向西。有萧何留守关中，替他补充军队和粮饷。而派韩信打定山西、河北，绕出山东，彭越又在楚国后方捣乱。于是楚国兵少食尽，乃和汉约以鸿沟中分全国。当时的一条运河，从今河南省城附近东南流，和淮、泗两水通连。约定,项籍东归,汉王背约追击他。项籍走到乌江,_{大江的渡口,在今安}徽_{和县南}。自刎而死。汉王遂即皇帝位,是为汉高祖。时在前二〇二年。秦亡后,全国纷争了五年,又统一了。

【习题】

(一)秦始皇不听人家的劝,封建子弟,是对的? 还是错的? 和秦朝的灭亡有无关系?

(二)秦朝的销兵,和现在的禁藏军火,同异如何?

(三)秦朝的焚书,和后世的禁止销毁书籍,有何异同?

(四)秦始皇所开拓的,是现在的什么地方?

(五)秦朝的长城,和现在的长城,路线同异如何?

(六)秦朝灭亡的原因,究竟在那里?

【参考】

本章秦始皇帝的事情,可参看何炳松《秦始皇帝》。楚汉战争的事情,可参看拙撰《白话本国史》第二编第二章第二节。

第二章 两汉之政治概况

汉初的政治

汉高祖即帝位后,把功臣中功劳大的,都封做王,小的封做侯,然异姓封王的,不久都灭亡,都大封子弟和同姓为王。高祖死后,儿子惠帝懦弱,高祖的皇后吕氏专权。惠帝死后,吕后就临朝称制,又封诸吕为王。吕后死后,大臣共讨诸吕,迎立高祖的庶子文帝。汉初,承全国大乱之后,专务休养生息。文帝在位,尤其恭敬节俭,他

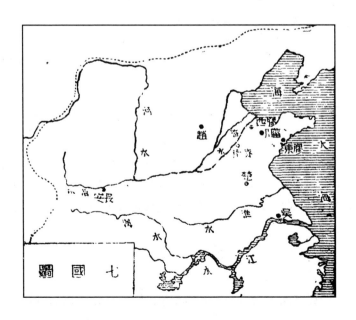

的儿子景帝，也能谨守他的政策。所以当武帝初年——就是汉朝开国后约七十年的时候，国内颇为富庶。汉初的大封同姓，原是为防制异姓的，但是到后来，同姓诸王，倒成为政治上的一个问题了。景帝时，吴楚七国，到底起兵造反，给汉朝打平，于是把诸侯治理百姓和补用官吏的权柄一齐剥夺。这时列国规模，与他郡县相差不远。武帝时从主父偃的弱藩之策，又命诸侯将自己的地方，分封子弟，于是诸侯都变做小国。诸侯只得衣食租税，不许就国。汉初的封建，就名存实亡，而郡县制度就逐渐推到全国了。

武帝的文治武功

汉武帝是个雄材大略的人，他对外国用兵，替中国开拓了不少疆土，其事都见下章，他在内治上，也有几件著名的事情。第一，他置五经博士，是国家设立太学之始。当时仅就固有的官吏中，拣其有学问的，替他招致弟子；既未营建校舍，亦未设立教官。博士本非学校教师，但后来设立太学后，教师未曾别立名目，即以博士为名。第二，他命郡国选举孝廉，是科举制度的先声。此时未有考试之法，但唐以后的科举制度，是从此制变化而成的，参看下册第一章。第三，他又听董仲舒的话，重用治儒家之学的人，于是春秋、战国时各学派之中，儒家之学，就归于一尊了。可惜他性好奢侈。既要开疆拓土，又要营宫室，求神仙；还要出去巡游。财政不足，就用了许多言利之臣，以致民愁盗起，国内几致大乱。幸而晚年悔过，能彀与民休息。昭宣两代，政治也都算清明，才算危而复安。

前 汉 的 灭 亡

汉朝离宗法社会近，很看重宗室和外戚。元帝以后，政权入于外戚王氏之手，王氏中又出了一个大人物，汉遂为其所篡。这个人就是王莽。王莽以公元九年篡汉，改国号为新，他是鉴于汉时社会贫富的不均，要想实行社会政策的，他的魄力，可以算是很伟大。惜乎行之不得其法，弄得举国骚然，新莽亦终至灭亡。

后汉的兴起

后汉光武皇帝，是前汉的宗室，他以新莽之末起兵，和湖北地方的群盗连合。当时军中先有汉朝的宗室刘玄，号为更始将军，大家立他做皇帝，大破莽兵于昆阳。今河南叶县。汉兵分路入关，关中群盗亦起，王莽为乱兵所杀。更始移都长安，为群盗所制，政治紊乱。关东流寇赤眉入关，更始遂败亡。光武先别为一军，出定河北。后来把赤眉打破；割据或扰乱一方的人，亦都打平。建都在洛阳，所以史家亦称为东汉。

后汉的乱亡

光武、明、章三帝算是后汉的治世，和帝以后君主每多幼稚，母后临朝，外戚专权。皇帝长大了，因满朝都是他的党羽，只得和宦官谋诛灭他，结果宦官又因之专权。在这两种恶势力互相消长之下，国政日趋不振。到桓、灵二帝的时代而达于极点。灵帝死后，子少帝年幼，太后的哥哥何进当国，要想诛灭宦官，而太后不肯。何进乃召外兵进京，以胁迫太后，宦官大惧，把何进杀掉。何进的官属，遂举兵大杀宦官。正在纷乱之际，凉州将董卓带兵入京，政权遂尽入其手。董卓把少帝废掉，立其弟献帝。行为又极暴虐，东方州郡，起兵攻击他。董卓乃胁迫献帝，迁都长安。东方的兵，都纷纷自占地盘,不能追击。旋汉朝的宰相王允,和董卓的部将吕布合谋,把董卓杀掉。而卓将李傕、郭汜,又起兵为卓报仇,攻陷长安。献帝为其所制,久之,乃得逃到洛阳。因地方残破已甚,召曹操的兵入卫。从此大权归于曹操,汉帝只剩得一个空名了。

汉朝政治制度的劣点

汉朝的政治制度,有两个劣点,是引起三国以后的分裂和战乱的:(一)秦汉时代,外官本分郡县两级,郡就直接隶辖中央。一郡的地方只有后世一府这么大,边郡也有很大的,然地广人稀,文化经济都落后,依旧没有实力。其势不足以反抗中央,所以柳宗元说汉朝"有叛国而无叛郡"。见其所著《封建论》。后汉灵帝时,黄巾贼张角造反,虽然旋即打定,然而余党扰乱的很多,乃将向来专司监察的州刺史,改为州牧,变成了地方行政官吏,一州地方,有现在一两省大;又值纪纲废弛之际,州牧遂多据地自专;郡太守和有兵权的人,亦都纷纷割据,遂成为分裂之局。汉武帝置十三州部,每州置一刺史以督察郡国;司隶校尉为中央官吏,督察京畿,不在十三州部之列。后汉并朔方于并州,改交趾为交州,合司隶校尉部仍为十三州,汉末又改刺史为州牧,威权愈重。(二)秦汉承战国之后,其兵制尚有征兵制度的意味。百姓到二十三岁,都隶名兵籍,归各郡的都尉。讲肄课试,到五十六岁,才得免除。汉初用兵,还都由郡国调发的。武帝以后,因用兵多了,免得骚扰平民,乃多派"罪人"。亦有并不是罪人的,如贾人、赘婿都是,不过取其不是普通农民而已。赘婿大抵是没有田产的人。本章末节所论,可参看拙撰《白话本国史》第二编第八章第一、第四两节。出兵打仗谓之"谪发"。虽然于人民有益,却是人民因此和当兵渐渐的生疏了。后汉光武因图减省起见,把都尉裁掉,民兵亦因之而废,此时被中国征服的异族多

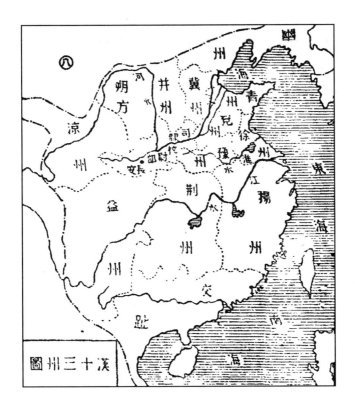

入居塞内，渐渐用他当兵。如当武帝时，外族内附而用以为骑者，就置有越骑校尉等。宣帝时调羌骑卫金城。这都是借外族内附而用以当兵的例子。遂至异族强而本族弱，造成五胡乱华之祸。

【习题】

（一）秦亡后的分封，算是封建第一次反动，其第二次反动，在于何时？至何时而消灭？

（二）为什么宗法社会，要看重宗室和外戚？重用宗室和外戚的结果如何？

（三）汉武帝的内政有那几件是关系重要的？

（四）汉武帝的为人，有那几点和秦始皇相像？有那几点不同？

（五）前汉亡于外戚，后汉亡于什么？

（六）何谓"有叛国而无叛郡"？

（七）秦汉兵制的变迁如何？用异族当兵的利弊如何？

第三章　两汉疆域之开拓与对外交通

汉初域外的形势

秦、汉是我国疆域开拓的时代。秦始皇开其端，而汉武帝成其功。汉初匈奴以阴山为根据地，东击破东胡，西击破月氏，后又征服漠北诸小民族，和西域三十六国。历史上所谓西域，有广狭两义，此处是初时狭义的西域，专指天山南路，后来自此以西的地方，亦都称为西域。月氏先逃到伊犁河流域，又为乌孙所攻，逃到阿母河流域，征服大夏，就是西史的巴克特利亚。Bactria，即今之阿富汗国境。其西安息，则是西史的帕提亚。Parthia，即今之伊朗国境。更西条支，乃叙里（利）亚之地。当公元前四世纪之末，中国战国时候，马其顿亚历山大王，征服亚洲西部。死后其部将据叙利亚（Syria）自立，是为条支。后其东方，又分裂为帕提亚（Parthia）、巴克特利亚（Bactria）两国，即中国所谓安息及大夏。再向西，就是罗马帝国，当时所谓大秦了。大秦一名犁靬，见《后汉书·西域传》。当时或系专指叙利亚。近人张星烺谓系指罗马帝国在东方的领土为大秦。参看《东西交通史料汇篇》卷一页八《古代中国与欧洲之交通》一文。从安息向东南则到印度，从前谓之天竺，亦谓之身毒。从辽东向东，半岛的北部为朝鲜，南部为三韩。马韩，弁韩，辰韩。再渡海而东，就是现在的日本，当时称为倭人。以上是域外的形势。而秦时已隶版图的闽、广、安南，此时亦自立为南越、闽越两国。南越是秦朝的尉，据两广安南之地自立的。闽越是春秋时越国的子孙，灭秦有功的，汉朝封为闽越王,在今福建、闽侯县。还有一个,封于浙江的永嘉县的,为东瓯王,因为闽越所攻击,自请举国内徙江、淮间。云贵两省秦时略有交通,汉时复绝。自此往西北,在四川和陕甘两境上的异族,当时总称为西南夷。再向西,便是青海境内的羌人了。在大通河流域,当时谓之湟水。

汉平匈奴

秦末,中国大乱,匈奴又入据河套。汉高祖自将去打他,被围于平城。今山西大同县。后来用刘敬的计策,把宗室女嫁给他的单于,和他讲和。是为中国以公主下嫁,与外国结和亲之始。武帝初想约月氏共攻匈奴,派张骞往使,因月氏无意报仇,不得要领;后来才决意自行出兵攻击,先把他逐出漠南。又屡次派兵到漠北去打他,匈奴自此衰弱,到宣帝时又有内乱,其呼韩邪单于,遂入朝于汉。郅支单于逃到西域,为汉人发西域兵攻杀。

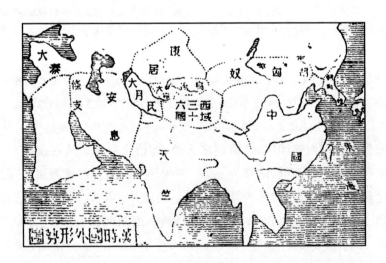

汉 通 西 域

当张骞使月氏时，今甘肃西北境，尚属匈奴。张骞在大夏，见今四川临邛县的竹枝，问他们："从那里来的？"他们说："从身毒买来。"张骞因此想到，从四川西南出，一定可通西域。汉朝就因此通西南夷。然通西域的路，依旧没有走通。却好匈奴的王，守今甘肃西北境的来降，汉朝以其地为郡县。西域的路，自此开通。汉朝曾出兵远征大宛。又把公主嫁给乌孙，和他共攻匈奴。宣帝时，在今新疆省的中部，设立西域都护，保护天山南北两条通路。西域三十六国都属都护管理。

汉 平 朝 鲜

朝鲜在战国时，属于燕国。秦末，燕人卫满率众避难，逃到朝鲜，自立为王。汉朝兴起，约为外臣，传子及孙，引诱汉朝逃人，南方辰国（即三韩之辰韩）要入朝，又被阻住。武帝因命将征讨，平定朝鲜，置为郡县。

汉平两越及西南夷

秦立闽中郡，不久便废。汉兴，封越君（百越酋长）为闽越王，到武帝时，闽越和东瓯（今浙江永嘉）常相攻，东瓯自请迁居内地，武帝依从。并派兵灭闽越，也迁其民于内地。南越是赵佗所立的国，汉封为王，传子及孙，其相吕嘉杀王，发兵造反，武帝遣将平定，尽有今两广安南之地，置为郡县。武帝又平定滇国（今云南昆明）、夜郎（今

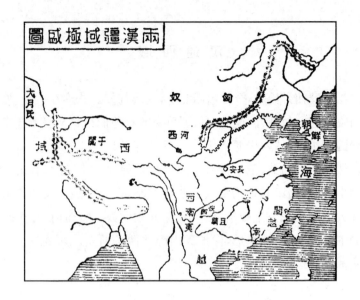

贵州遵义）、邛、筰、冉、駹（今四川西境）诸西南夷，也置为郡县。

后汉的武功

　　王莽时，中国大乱，匈奴和西域都背叛。后汉光武时，匈奴又因内乱，分为南北。南单于降汉，入居中国塞内。公元八九、九一两年，和帝命窦宪大出兵以攻北匈奴，北匈奴逃到西域，后来转辗入于欧洲。当东胡为匈奴所破时，其余众分为乌桓、鲜卑两族。汉武帝时，招致乌桓，居今辽、热境上，助中国捍御匈奴，鲜卑在其北方，北匈奴亡后，其地遂为鲜卑所据。明帝末年，班超带着三十六个人，出使西域，攻杀匈奴的使者，说降诸国。明帝死后，汉朝无意经营西域，召他回来。而西域诸国，多有留着他不肯放的。班超亦愿意立功，遂留居西域。即发服从诸国的兵，把不服诸国攻下。这真是古今罕有的奇功了。

汉时的海上交通

汉时,海路交通,亦已极发达,从广东的合浦入海,能通行到印度洋沿岸。《汉书·地理志》说:中国当时的航路,到黄支为止。黄支,据近来人考据,说是印度的建志补罗(Kanchipuva)。西域商船,也有聚集于安南的东京湾的。中国的丝,在欧洲最为著名,与黄金同重同价。罗马人久想和中国人通商,但终为条支人所隔。班超平定西域后,派部将甘英到罗马去,亦为条支人所阻。直到一六六年,大秦王安敦,以年代考之,该是Marcus Aurelius Antoninus,生于一二一,没于一八〇年。才遣使从日南徼外,汉郡名,在今安南之境。献象牙、犀角、玳瑁,这是历史上记载中欧有国

倭奴印

交之始。至于民间的交往,那自然久在其前了。倭人在前汉时,有百余国到乐浪郡来献见。公元五七年,乃有直达中央的。光武帝赐以"汉委奴国王"之印。这颗印,现在已在日本的筑前发现了。

【习题】

(一)何以说秦汉时疆域的开拓,是秦始皇开其端,而汉武帝成其功?

(二)匈奴何时降汉?何时反叛?何时又降汉?

(三)汉朝为什么想从四川去通西域?从四川、云南向西,可通西域否?

(四)何谓都护?

（五）闽、广、云、贵，何时入中国版图？

（六）汉朝对东北的威力如何？

【参考】

本章可参看拙撰《白话本国史》第二编上第四章及第七章第二节。孙毓修《班超》。

第四章　两汉之学术与宗教

汉 代 的 崇 儒

春秋战国之世，诸子百家之学，本是立于平等地位的，汉初还是如此。从武帝以后，儒家在学校、选举两方面，都占了优势。见前章。别一家就不能和他竞争了，这也有个原由。学术的趋向，是要适应环境的。战国时，列国竞争剧烈，整饬政治，训练人民，最为紧要，所以法家之学见用。汉初需要休养生息，所以从高、惠时萧何、曹参做宰相，以至文、景时代，都谨守着道家清静无为的政策。到武帝时，海内业已富庶了；武帝又是好大喜功的人；要讲改正制度，兴起教化，那自然儒家之学，就会应运抬头了。

文 字 的 变 迁

汉时儒家之学，就是所谓经学。经学有今古文之分。讲到这个问题，又要先晓得文字的变迁。中国的文字，从发明以后，一直到春秋战国时代，递有演变，今已不尽可考，但所用的总是圆笔，这种字，后世称为篆书。篆者传也，传其物理，施之无穷。见《法书考》。秦时，行政上使用文字较多，向来的写手不敷用，乃叫徒隶帮着写，徒隶是不会写字的，画在上面就算，于是圆笔变为方笔，这种字人家称为隶书，虽然写得不好，因其简便，反而通行了。以上所说是笔画形状的

三体石经(一八九四年在洛阳出土)

改变。字体的构造,随时代而不同,自然也是有的。一时不觉得,积久之后,就大相悬殊了。

汉代的经学

古人的读书,多数是用口辗转传授的,不必都有本子,但是传之久了,总有人把他写出来,所用的,自然是当时通行的文字。汉初讲经的人，虽然亦有派别，大体无甚出入。到前汉末年，刘歆刘歆，字子骏，前二三七年被王莽所杀。等人，才说鲁共王曾破坏孔子的旧宅，得到许多古书。此外，自然还有从别一方面来的，都藏在汉朝的秘府里。他们以此为据，说前此传经的人，经文有缺误之处。久而久之，相信这一派说法的人，对于经文的解释，也就和前此的人，有不同的地方了。人家因称这一派为"古文"而称前一派为"今文"。汉时，国家所立的五经博士，都是今文之学。前汉末年，曾立过几家古文，后汉时复废。但在后汉时代，私家教授，古文之学，颇为盛行。古文家虽说比今文家多得了些古书，然都无传于后。文字异同之处，只多无关紧要；重要的，倒是经说的异同。今古文的短长，我们不讲经学，无须去评论他。从大体上说，则汉人去古近，对于古代的事情，知道得总要多些；所以汉人的经说，无论今古文，都为后人所宝贵。

汉代的史学

史学在汉朝，亦颇发达。前代的历史材料，都是零零碎碎的。汉武帝时，司马迁才把他采集起来，做成功一部《史记》。后汉时班固又用其体例，专述前汉一朝的事情，谓之《汉书》。后世所谓正史，都是沿用这一种体例的。

汉代的文学

文学的发达，韵文较散文为早，春秋战国是散文发达的时代，至西汉而达于极点。东汉以后，句调求其整齐，字面求其美丽，渐渐的开出骈文的风气了。诗在古代，都是可以合乐的，五经中的《诗经》，就是如此。《诗经》大体是四言，汉时变为五言，渐渐的不能合乐了。

汉武帝曾采集各地方的民歌，立了一个机关，谓之"乐府"，叫精于音律的人，替他定了谱，会做文章的人，按谱填词，诗中就又开出乐府一体。

道教的起源

中国古代宗教上崇拜的对象很多，用理论把他分起类来，则为天神、地祇、人鬼、物魅四种。名见《周礼·春官》。列国分立时代，交通不甚发达，所以其势力都只限于一地方。秦、汉之世，此等懂得"祠灶"的，以及燕、齐之间，讲究神仙的，都称为方士。讲祠灶的，亦或称为巫。当时的社会，迷信的空气很浓厚。所以像秦皇、汉武等雄主，也很相信他。后汉末年，有张角创太平道，借着符水治病，聚集徒党造反。又有张陵，自称在四川山中学道，创五斗米道。学道的人，都出斗米，所以讲之五斗米道。本篇文字变迁和古文经发现的始末，可参看拙撰《中国文字变迁考》第三章。张角、张鲁等，虽然不久灭亡，然而此等迷信的流传，迄不能绝，遂成为后来道教的根原。

佛教的输入

佛教的输入，旧说以为在公元六七年，是汉明帝派人到西域去请来的。其实不然，佛教输入问题，可参看梁启超《饮冰室文集·佛教之初输入》。因为明帝的哥哥楚王英，已经相信佛教了。佛（释迦）在世的时代，大略和孔子相差不远。孔子生于公元前五五一年，当周灵王二十一年；释迦生于公元前五五七年，当周灵王十五年。又孔子没于公元前四七九年，当周敬王四十一年；释迦没于公元前四七八年，当周敬王四十二年。故二人完全同时。佛没后，其教北行至大月氏，南行至锡兰。中国同西域和南洋交通后，这两条路上，都有输入的可能。到底是什么年代，从什么地方输入的？则现在还难确答。后汉时，佛教在社会上，渐渐的流行了。但只是宗教上的迷信，还不大讲到他的哲理。

【习题】

（一）为什么汉朝要独尊儒学？

（二）篆隶的区别何在？

（三）何谓今古文？今古文重要的分别，在于经文？还是在于经说？

（四）汉朝人的经说，为什么为后人所宝贵？

（五）汉朝有两部著名的历史，名目叫做什么？是什么人做的？

（六）前后汉的文体，有何异同？

（七）古诗和乐府，有何区别？

（八）创五斗米道的，是什么人？

（九）佛教是什么时候输入的？

第五章　两汉之社会概况

汉代社会情形

汉代是一个封建势力崩溃未尽,商业资本愈益抬头的时代。当时的富豪,可分两种:其一是大地主,包括(一)田连阡陌,(二)和擅山泽之利的人;其二是实业家,包括(一)大工,(二)和大商。当时的工业家,大概自营贩卖,所以混称为商人;但照理论分析起来,实在包括工业家在内,如煮盐和制造铁器便是。贫民则"常衣牛马之衣,食犬彘之食",董仲舒的话,见《汉书·食货志》。很为可怜。

汉朝救济政策

汉朝救济政策:(一)是法律上重农抑商。如不许贾人衣丝、乘车,和市井的子孙不得学习为吏之类。(二)是减轻田租。汉初十五而税一;文帝曾将田租全行豁免;景帝以后,复收半额,计三十而税一,可谓轻极了。这两种办法,是受晁错"贵农重粟"之论的影响很大的。但是法律上的抑制,并不能减削他们经济上的势力,而当时私家收租,要十取其五;公家的田税无论如何减轻,也总无补于事了。

当时学者的议论

学者的议论,分为两派:(一)法家。是注重节制资本的。武帝时,桑弘羊曾行其策,把盐、铁和酒,都收归官营;又想出"均输"、"平准"两法,官自贩卖物品。然官营事业,都极腐败,徒然破坏富豪,贫民仍未见其实惠,而且反受其害。当时官办事业,腐败的情形,可参看《盐铁论·水旱篇》。(二)儒家。注重于平均地权,激烈的要恢复井田制度,缓和的也想替有田的人立一个最大的期限,谓之"限民名田"。二者都成为空论,没有能实行。

王 莽 的 变 法

到王莽出来,才综合儒、法两家的议论。(一)把天下的田,改名王田,不许卖买。一人有田超出百亩的,责令分给九族、乡党。(二)重要的实业,收归官营。(三)拣几处大都市,立司市之官,令其求得各物的平价;有用而滞消的东西,照本钱买进,到物价昂贵时,则照平价卖出。(四)经营各种事业的人,都要按其所得收税,由当时新设的泉府,将来借给贫民。王莽的变法,规模可谓很阔大,计画也可以说很周详。然而行之不得其法,不但不能建设起一种新秩序来,反把旧秩序破坏了。于是天下大乱,王莽亦随之灭亡。从此以后,就再没有敢说根本改革的人了。

汉朝的士气和武风

汉朝的风气,是接近于封建时代的,而战国以来的任侠心理,仍然在民众间憧憬着。所以中流社会中人,慷慨激发的很多。如张骞、班超等人物,在后世是很少的。不过两汉比较起来,东汉似较西汉为厚。一般儒生尊尚气节,虽导源于王莽的僭汉,而光武、明、章诸帝,表章节义,敦厉名实,其影响委实不小。后汉桓、灵二帝时,宦官专权,亲党遍布州郡。诸名士列官内外的,或直言指斥,或尽法惩治,宦官乃诬为党人,加以禁锢,后来又加以逮治。诸名士很多慷慨就戮的,其有逃亡的,所至之处无不"破家相容",这就是党锢之祸。这种风气,在社会上竟酿成一种清议的特殊势力,而以后魏晋的清谈之风,则又是这种势力的反响。

【习题】

(一)汉朝的社会,还是继续春秋战国的? 还是另一种状况?

(二)汉时的富豪,是那几种人?

(三)汉朝对社会贫富不均,用什么法子救正? 为什么无效?

(四)当时学者的议论如何? 怎见得王莽的政策,是兼采儒、法两家的?

(五)王莽的改革,为什么反以召乱?

(六)旧秩序不破坏,新秩序不得建设;旧秩序破坏了,新秩序却未必定能建设。要如何才能减少破坏的害,而多收建设的利? 破坏能完全避免否?

(七)为什么封建时代的人,性质要慷慨些? 这种性质,比较资本主义时代的人为优为劣?

【参考】

本章的参考,可参见拙撰《白话本国史》第二编上第六章。

第六章 三国之分裂与晋之统一

后 汉 的 分 裂

后汉从黄巾之祸起，再加以董卓的扰乱，各处州郡，纷纷割据，就成为不可收拾的局面了。当时地最广、兵最强的，割据幽、并、青、冀四州袁绍。而吕布在徐州，袁术在扬州，亦有相当的兵力。曹操是割据兖州的。后来汉献帝召他入卫，他因洛阳残破，把献帝迁都到许昌，成为"挟天子以令诸侯"之势。刘备在徐州，和吕布竞争失败了，投奔曹操。曹操表荐他做豫州牧。和他合力，把吕布、袁术打平。刘备和献帝的近臣合谋，要想里应外合，推翻曹操，曹操把他打败，刘备逃到荆州，投奔刘表。曹操南征荆州，刘表恰巧死了，他的儿子，把襄阳投降曹操，刘备逃到夏口，汉水的下流，古时亦称夏水，所以汉水入江的口子，称为夏口。和在江东的孙权合力，当时袁术只占扬州的北部，扬州的南部，都是孙权的哥哥孙策打定的。把曹操在赤壁打败。山名，在湖北嘉鱼县。刘备就将荆州全行恢复，又西取益州，国内就成为三分之局了。

三 国 的 鼎 立

当刘备西取益州时，孙权想夺荆州，刘备乃将荆州和他平分。后来曹操平定汉中，刘备又把他夺取。因命守荆州的关羽，出兵北

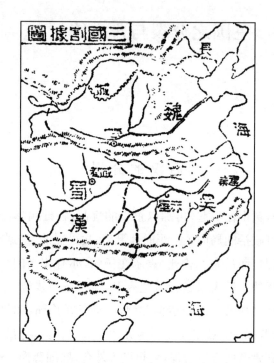

伐,孙权乘机袭取荆州,关羽败死。曹操死后,儿子曹丕于二二○年
篡汉自立,国号魏。刘备和孙权于次年亦相继称帝,刘备国号汉,史
称蜀汉,孙权国号吴。刘备出兵攻吴,为陆逊所败,惭忿而死,托孤
于诸葛亮。诸葛亮是个绝世奇才,把区区的益州,治理得很好,国富
兵强,屡次出兵伐魏,惜乎天不假年,大功未成,死在军中,蜀汉自此
就渐渐的不振了。吴则本来是自守的时候居多。

晋　朝　的　统　一

魏文帝曹丕篡汉后,传子明帝,性极奢侈,魏朝的政治,就此紊
乱了。明帝死后,嗣主年幼,大权落入武官司马懿之手。司马懿和

他的儿子司马师、司马昭，前后相继执掌魏国的政柄。司马昭时，乘蜀汉衰弱把他灭掉。他的儿子司马炎，就篡魏自立，是为晋武帝。于二八〇年灭吴，全国就又统一了。从董卓入洛阳至此，共计九十二年。

【习题】

（一）后汉分裂的原因何在？

（二）假使赤壁之战，曹操胜利了，当时的事势将如何？

（三）三国的地方，那一国最大？那一国最小？吴国的地方，照地图上看并不小，为什么实力不能敌魏？蜀的地方最小，何以诸葛亮能屡次北伐？

【参考】

本章可参看拙撰《白话本国史》第二编中第一章，和孙毓修《诸葛亮》（商务印书馆本）。

第七章　中华民族之新融合

两晋南北朝总说

晋朝统一后,不久而五胡乱华,东晋立国南方,北方自立的,共有十六国。后来北方再并于后魏,南方则传宋、齐、梁、陈四代,是为南北朝。从西晋到南北朝,统一只有三十七年,晋武帝虽于公元二六五年篡魏即位,而于公元二八〇年始灭吴,统一全国。故从二八〇年,推算至三

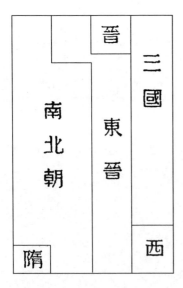

西晋,公元纪年二六五至三一六。
东晋,公元纪年三一七至四一九。
南北朝,公元纪年四二〇至五八九。

一六年,只有三十七年。分裂倒有二百七十二年。这个长期的分裂,其大原因,是两汉时代,所接触的异族太多,一时不及同化,政治上又措置不善之故。经这一次扰乱之后,中华民族却又融合了许多新分子了。晋初五胡分布的形势是:匈奴、羯在山西;羯是匈奴的别种,因其居于羯室得名。羯室,在今山西辽县。氐、羌在陕、甘;鲜卑在今辽、热、察、绥,以至宁夏、甘肃之境。匈奴刘渊乘晋朝内乱,自立为帝,灭西晋,史称前赵,为后赵石勒所灭。石勒是羯族,据中原大部分,后并于前燕。前燕慕容氏是鲜卑族,据

有辽东、辽西、河北地方，辽东为太守公孙度所据，其子渊，为魏所灭。后
为氐苻坚所灭，是为前秦。苻坚吞并北方，又想灭晋，晋兵抵抗，苻
坚大败于淝水（在今安徽寿县），遂为羌姚苌所灭，史称后秦。东晋
刘裕北伐，灭后秦。淝水战后，鲜卑慕容氏复起，一据山东为南燕，
一据河北为后燕，一据关中为西燕。又有鲜卑拓跋氏起于绥远，据
平城（今山西大同），史称后魏，灭后燕，和在热河的北燕、南燕，为东
晋所灭。在甘肃的有前凉、后凉、南凉、北凉、西凉、西秦，先后兴起，
最后仅余西秦、北凉二国，又有在陕北的夏国，夏灭西秦。夏和北
凉，都为后魏所灭。还有据四川的成国，为东晋所灭。东晋为刘裕
所篡，国号宋，和后魏对峙，为南北朝。

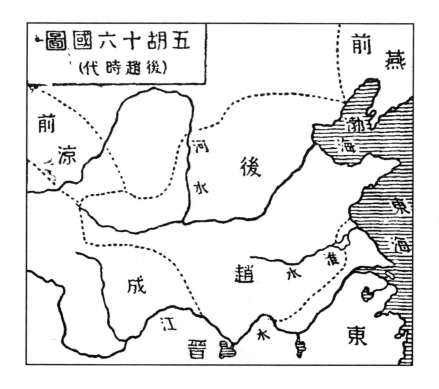

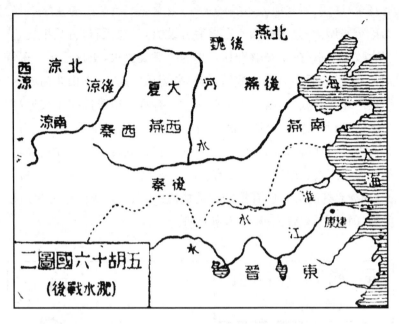

五胡十六国图二
（淝水战后）

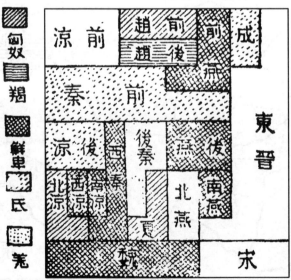

南北朝的大略

南北朝初年，南朝的疆域还不小，然宋文帝北伐不胜，魏太武帝反自将南下，直抵江边，遂成北强南弱之势。历宋、齐两朝，迄不能振作。到梁武帝时，南朝颇为太平，而北朝从孝文帝南迁以来，风俗渐趋奢侈。留守北边的将士，因待遇不及南迁的人，也心怀不平。这时候，魏明帝在位，太后胡氏专权，政治大乱，北边和中原，乱事蜂起。秀容川的尒朱氏，秀容川，在平城之北。尒朱氏是北方部落的酋长，受封于此的。起兵定乱，又因暴虐，为高欢所灭。魏主靠着关中的宇文泰以抵御高欢；高欢亦别立一君，魏遂分东、西。高欢死后，其将侯景来降。梁武帝想乘机恢复河南，然亦未成功。侯景反在境内造反。都城被陷，梁武帝忧愤而死，元帝立国江陵，遣陈霸先等打平侯

景。而江陵为西魏所陷,元帝被害,陈霸先立其幼子于江东,旋篡位,是为陈武帝。北方,东、西魏为高氏、宇文氏所篡,是为齐、周。后来齐灭于周,周又为外戚杨坚所篡,是为隋文帝,南下灭陈,统一南北。

异民族的新融合

从东晋到南北朝,北方始终为异族所占据。北齐说是渤海高氏,渤海是汉郡名,为今河北东南境,然高欢久居北方,早和鲜卑同化了。宇文氏亦是鲜卑。异族的酋长也有骄淫暴虐,十足现出野蛮人的性质的;也有平平稳稳,颇能接受汉人的文化的。其中最热心摹仿汉人的要算魏孝文帝。他因为要求汉化之故,不顾阻力,从平城迁都到洛阳。迁都之后,禁胡服,禁胡语,易姓名,还强迫鲜卑人和汉人结婚。从大体上论起来,五胡的文化,都较汉人为低。其同化于汉人,自是当然的结果。惟当时异族割据的,多用其本族人或其他异族为兵,用汉人的很少,所以汉人在政治上很难翻身。直到南北朝的末年,才靠民族文化的力量,把他们全行同化。所以在这个时代,我们的政治,是衰败的;民族的潜势力,却是优越的。

【习题】

（一）从三国到南北朝,统一的时代,共有几年? 分裂的时代,共有几年? 这时代中分裂的原因何在?

（二）十六国是否都为五胡民族所建?

（三）十六国中,和大局较有关系的是那几国?

（四）十六国中,根据四川的是什么国? 根据甘肃的是什么国?

（五）关系东晋的兴亡的,是那一次战役?

（六）晋末宋初,南北的境界何如? 梁、陈之间又如何?

（七）试略述北魏的盛衰。

（八）五胡中最欢迎中国文化的是什么人? 他的办法如何?

（九）两晋南北朝时,北方在政治上受异族统治,其原因安在? 后来汉族能恢复,其原因又何在?

【参考】

本章可参看拙撰《白话本国史》第二编中第二、第三两章。当时民族的关系,拙撰《中国民族演进史》第六、第七两章,可以参看(亚细亚书局本)。

第八章　两晋南北朝之文化与社会

玄 学 和 佛 学

两晋南北朝，以政治论，虽然衰败；以学术思想论，倒也很有特色的。汉时儒学盛行，儒学都喜欢法古，就不免有"泥古"之弊，因此激起思想上的反响。三国中叶，魏废帝正始年间。正始，自二四〇到二四八。北方就有喜欢讲哲学的风气，他们在儒家的书中，注重《易经》；在道家的书中，则取《老子》、《庄子》，很热心的互相讲论。他们这种讲论，谓之"清谈"，所讲论的学问，谓之"玄学"，很有许多高妙的见解。因此又和佛教的哲学相接近。佛教有大、小乘之分，大乘的哲学，比小乘更为高妙，初期盛行的，都是小乘，到五世纪初年，大乘经典，才渐渐流行，士大夫相信他的也不少。

中外文化的和合

因为和异族接触的多了，本族的文化，就因之而起变迁。这时候，论建筑则有寺、塔；论图画则有佛画；论雕刻则有佛像，现在河南洛阳伊阙，山西大同武州山的佛像，都是后魏时所刻。都是从印度来的，而音乐从西域输入的亦不少。衣服的式样，本有南北两派，南派是宽博的，北派是窄小的。可参看林惠祥《文化人类学》第三篇第六章九十九页（商务印书馆本）。中国的衣服，本近南派，到这时代，衣裳和深衣渐渐的没有人着了。径用从前衬在里面的袍衫做外服，而便服则多着裙襦；靴也渐渐的通行。再进一步，就要以袴褶为外服了。参看《上古史》第四章。古人穿在外面的短衣，衬在里面的反有长衣。单夹的叫衫，装绵的叫袍。靴是北族之物，中国所没有的。褶是一种较短的外服。袴褶服既不着裙，亦不着袍衫，径以袴为外服。隋、唐时，天子亲征，中外戒严就着他，其源也是起于南北朝。古人都是席地而坐，就坐在床上，也是跪坐的。这时代则渐用"胡床"，垂脚而坐。这些，都可以说是受北族的影响。

道 教 的 成 立

因为佛教输入，而道教也随之而形成。道教的根源，是古代的方士和神巫，已见第四章。玄学盛行以后，他袭取老、庄的哲理；佛教盛行以后，他又摹仿他，造作经典，装塑神像；宗教的条件，渐渐完具。五世纪初年，嵩山道士寇谦之，自称遇见老子，叫他改正张陵的伪法；后来又说老子的玄孙李谱文，命他统治嵩山周围百万方里的土地。北魏太武帝相信他，把他迎进京城，筑坛传教。从此以后，道教就算做一种大宗教，和儒、释并称了。

文 学 的 美 术

这一期的文学，就是所谓骈文。虽然不切实用，却也很为美丽。中国的字，因其构造的繁复，亦成为美术之一。隶书原起，本是为求应用的，后来也变成美术品，当时的人别称为八分书。其专供应用的，则成为现在

的正书。八分书笔画之末，有向上之势，谓之"挑法"。隶书的笔画，都是秃的，现在的正书，乃对于行、草之名，实在就是隶书。所以从前人善写正书的，历史上往往说他善隶书。现在多以八分书为隶书，正书另是一种，实在错了。本章文字的变迁，可参看拙撰《中国文字变迁考》第四、第五章。然正书和求快捷的行草，亦都成为美术。这时期中，最工于书法的，为晋朝的王羲之，后人推为"古今之冠"。见《晋书》本传。

门 阀 的 兴 起

　　文化的发达如此，为什么政治上会弄得这样糟呢？这个不能不归咎于社会的不好。从秦朝以后，古代的封建制度，在政治上虽已消灭，贵族在法律上，虽已失其地位；然其在社会上的地位，是不容易一时消灭的。汉朝用人，不论门第，所以他们在政治上不占势力。三国时，魏因其尚书陈群的建请，采行九品中正的制度，于各州置大中正，各郡置中正，令其品评当地的人物，分为九等，而尚书凭以选用。中正的评论，只讲门第，不论好坏，有所谓"上品无寒门，下品无世族"的说话。世家大族在政治上就占了便宜。加以五胡乱华，中原人物，流离迁徙，他们到了一处新地方，还要标明旧时的郡望，以表示尊贵；如王氏标明为琅邪的王，崔氏标明为博陵的崔之类，因为别地方的王姓、崔姓，门第未必都是好的。本问题可考看拙撰《白话本国史》第二编下第三章第七节。流俗也就尊重着他。他们在政治上既占优势，生活自然要宽裕些，养成一种优游暇豫，不肯做事情的习惯，反自以为高尚。读书人不必说了，就做官的也是如此，所以后来的人，称此为"清谈误国"。然而当时，这一班人，倒是处于重要的地位的，这就当时的政治，所以腐败的一个大原因。

【习题】

（一）玄学兴起的原因为何？

（二）为什么玄学会和佛学接近？

（三）中国的美术，所受外国的影响如何？

（四）袍衫、裙襦、袴褶之服，较之古代的装束，熟为便利？

（五）垂脚而坐，较之跪坐，孰为适宜于卫生？

（六）道教和春秋战国时的道家之学，有何关系？

（七）骈文为什么不适用？

（八）中国的字，为什么会成为美术？

（九）分书和正书的区别如何？

（十）两晋南北朝的门阀，是怎样起原的？其利弊如何？

更新初级中学教科书
本国史 第二册

第二册进度表

第一星期	第二星期	第三星期	第四星期
(中古史)第九章 隋唐的概说 隋唐的治乱 隋唐的兴亡 第十章 隋唐的域外形势	(又) 隋朝的武功 唐初的武功 唐玄宗时的武功 隋唐的对外交通 第十一章 隋唐的政治概观 隋唐的官制	(又) 隋唐的选举制度 隋唐的兵制	第十二章 隋唐初年的富庶 南方文化经济的发达 商业的发达
唐初到开元的治乱		(又) 隋唐的法律 隋唐的赋税	(又) 隋唐的学术 隋唐的文艺

第五星期	第六星期	第七星期	第八星期
(又) 隋唐间的宗教 第十三章 中国文化东被的原因 朝鲜和日本的文化	第十四章 安史之乱 藩镇的跋扈	第十五章 周世宗的雄略和宋朝的统一 宋朝的积弱 宋朝积弱的原因	(又) 宋朝的南渡 南宋和金朝的和战
(又) 隋唐时代的中日交际 渤海的兴起	(又) 宦官的专权 唐朝的分裂 五代的纷乱	(又) 宋代社会情形 王安石的变法 新旧的纷争	第十六章 宋辽的关系 宋夏的关系 金朝的兴起

续　表

第九星期	第十星期	第十一星期	第十二星期
第十七章 宋代的理学 宋代的经史之学	第十八章 蒙古的兴起 金朝的南迁 成吉思汗的西征	（又） 夏金的灭亡 蒙古对东西南三方面的用兵 宋朝的灭亡	第十九章 铁器和蚕丝 罗盘针火药印刷术 马哥孛罗
（又） 宋代的文学 （艺） 宋代士大夫的风气	（又） 宋代社会状况 印刷术的发达	（又） 蒙古的分裂 元朝的衰亡 明太祖的恢复	第二十章 成祖的北迁 明初的武功 土木之变 明中叶的内忧外患

第十三星期	第十四星期	第十五星期	第十六星期
第二十一章 神宗之怠荒 东林党人及三大案 流寇之祸 明人之奋斗	（又） 明南洋的拓殖 华人在南洋的殖势力 拓殖的成绩	（又） 元明时代的等级制度（社会阶级） 元时输入的宗教	第二十四章 本期的民族斗争 本期的文化
第二十二章 中华民族近代的发展 历代的南进 郑和的出使	第二十三章 元明时代的学术思想 元明时代的文艺	（又） 元明时代的社会经济 从宋到明货币（币制）的变迁	（又） 本期的经济和社会组织 本期的政治

第九章　隋之统一与唐之继起

隋 唐 的 概 说

公元五八九年,隋灭陈,统一全国,从此到七五四年,即安禄山造反的前一年,共一百七十二年;虽然有盛有衰,有治有乱,然从大体上说来,总算是治平盛强之世。安禄山反后,唐朝就入于衰亡时期了。

隋 朝 的 治 乱

隋文帝是很勤政爱民的。当他在位时,有善政也有秕政,而尤以偏听皇后独孤氏的话,立炀帝为太子,这桩事最为失策。炀帝即位之后,骄奢异常。隋朝是建都在长安的,他却以洛阳为东都,开了一条运河,从黄河通到淮水里,接连现在淮南运河;又开通了现在的江南运河。他坐着龙船往来于洛阳、江都之间。虽然开运河是利交通的事,然工程太大,一时民力不及,还要如此恣意巡游,自然国家元气要大伤了。他又巡幸北边,招致塞外诸异族,发大兵三次征伐高句丽;就弄得民穷财尽,乱者蜂起。

隋 唐 的 兴 亡

隋末发乱的:在北方,以河北的窦建德,河南的李密、王世充为最强；南方的萧铣，据江陵，地盘最大。长江下流，亦有好几个据地争衡的，后来都给杜伏威所并。太原留守李渊，因拒突厥不利怕获罪，听他次子世民的话起兵，先取关中，以为根据地，旋平河西陇右。刘武周根据马邑，马邑，今山西马邑县。南侵并州，亦给唐王李渊父子打败。公元六一八年，李渊即帝位于长安，是为唐高祖。同年，李密为王世充所破，投降唐朝，旋又借名出关，要想自主，被唐朝伏兵击杀。世民伐王世充，窦建德来救，世民分兵往御，一战而禽。王世充也就投降。又遣兵打定萧铣，杜伏威亦来降，其余割据一地方的，虽然很多，都不曾费什么兵力。隋朝平陈后，共三十年而亡；隋亡后不过五六年，国内又平定了。

唐初到开元的治乱

唐高祖起兵后九年，传位于世民，是为太宗。太宗是个贤明英武的君主，任用房玄龄、杜如晦为宰相，时人号为"房谋杜断"。又有魏徵，能直言谏诤，他多听从。所以在位时，政治清明，国内太平，武功亦盛，世称"贞观之治"。太宗在位二十三年，死后，子高宗继立。

初年遵守太宗的遗规，政治亦颇好。后来宠信武后，任其干预政事，治迹遂衰。高宗死后，武后废其子中宗而立睿宗。旋又废之自称皇帝，改国号为周。武后自高宗时判决奏事，至称帝，先后五十年，年八十二，才因老病，被宰相结连卫兵，胁迫他退位，而使中宗复位。武后也算得一个奇才，惜乎专图扩张权势，滥施爵禄，以收买人心；又用严刑峻法，以图

唐太宗

遏止反抗，受害的人很多；外患亦亟，国威几乎坠地。中宗复位后，宠爱皇后韦氏，任其所为。韦后也想学武后的样子，而才具不及，中宗为其所弑。睿宗的儿子隆基，起兵定乱，奉睿宗即位，不久就传位于隆基，是为玄宗。中宗时，政界污浊的情形，较武后时更甚。直到玄宗出来，任用贤相姚崇、宋璟、张九龄，姚能治事，宋为人方正，张亦能直言。竭力整顿，政治才复见清明，世称"开元之治"。玄宗在沿边设立节度使，加重其兵权，镇服四裔，唐朝又见兴盛。然边兵既重，而玄宗在位岁久，又宠信杨贵妃，怠于政事；开元以后，就变成天宝之乱了。

【习题】

（一）从隋初到唐玄宗开元年间，经过几次治乱？

（二）隋朝和秦朝比较，同异如何？

（三）隋炀帝的开运河，算是好事情？还算坏事情？

（四）隋末群雄，最强大的，是那几个？

（五）唐太宗和汉文帝比较，同异如何？和汉武帝比较，同异又如何？

（六）何谓"武韦之乱"？

【参考】

本章可参看拙撰《白话本国史》第二编下第一章第一、第七两节。

第十章　隋唐之武功与对外交通

隋唐时域外的形势

隋、唐是武功昌盛的时代,要说这时代的武功,先得把当时域外的形势,作一个鸟瞰。北族从鲜卑侵入中原后,继其后的为铁勒。鲜卑的分部柔然,利用他和北魏相抗。南北朝末年,柔然衰了,为起于阿尔泰山的突厥所灭,周、齐分争,怕突厥和敌人连合,都很敷衍他。突厥因此益骄。西域诸国,两晋时代,国交上无甚关系,只有前秦时代,曾遣吕光征服西域诸国,然未及旋师,苻坚已在淝水战败;吕光自立为后凉国,亦不久即亡。然其人来到中国的很多,商业上的往还亦很盛。当时称西域人为胡,历史上所谓胡人的,大都是西域人。甘肃省西北部,始终是中国和西域互市的地方。尤其是佛教,从西域输入的不少。南北朝时,大月氏已被印度笈多朝所灭,嚈哒继兴。嚈哒二字,就是月氏的转音。自大月氏灭亡后,月氏余种,仍留在吐火罗(古之大夏,今之阿富汗的巴克特里亚地方),又乘印度之衰而复起。且侵入印度。及为突厥所破后,印度乌苌王灭之。后来嚈哒又为突厥所破,从天山北路向西,直抵欧洲,中间包括巴尔哈什湖、咸海、里海区域都服属于突厥。在朝鲜半岛上,当西汉末年,汉族的威力,渐渐失坠。其地的土著民族,自立为高句丽、百济、新罗三国。到三国时代,汉族的威力,渐渐失坠。东晋时,前燕侵入中原后,辽东空虚,遂为高句丽所占,对中国颇为桀骜。百济也和他联合,共攻新罗,新罗却是倚赖中国的。热河境内为鲜卑遗族奚、契丹所据。吉、黑两省,松花江、乌苏里江流域,是靺鞨所据;黑龙江流域,是蒙古人的祖先室韦所据。青海境内,和四川的北部,是前燕慕容廆的庶兄——吐谷浑在西晋时侵入的,并征服其地的羌人。雅鲁藏布江流域,有印度阿利安人侵入,为吐蕃之祖。《唐书》所说吐蕃的起原,是传闻之辞,不足为据。此说系西藏人自述之辞,该可信些。参看拙撰《中国民族史》第十二章。

隋 朝 的 武 功

隋文帝得天下后,用外交手段离间突厥的大可汗及其主西方的可汗,突厥由是分为东西,东突厥给隋朝征服。西突厥至炀帝时亦来朝。炀帝曾发兵侵掠吐谷浑,在青海附近,设立四郡,又招致西域诸国,前来朝贡。戍守和供帐,所费不赀。又发大兵亲征高句丽,被高句丽打败。再发大兵往征,到第三次,才得高句丽请降的虚名。而天下骚动,内乱遂起了。

唐 初 的 武 功

隋末大乱,突厥复强,群雄在北边的,都称臣奉贡。唐高祖亦曲意和他联络,惟突厥侵寇仍不绝。太宗即位后,于六三〇年,遣李靖把他灭掉。西北诸君长,共上太宗"天可汗"之尊号。铁勒诸部中有薛延陀,继居漠北,又被太宗遣李世勣灭掉。回纥再居其地,就很恭顺中国了。对于西域,太宗曾征服天山南路诸国,西突厥则到六五七年,才被高宗遣苏定方灭掉,中国的属地,就直达波斯。今伊朗。东北诸族,奚、契丹、靺鞨、室韦等,亦都来朝贡。西南则吐番盛强,侵犯四川西边。太宗发兵把他打败,旋许其请和,把宗女文成公主

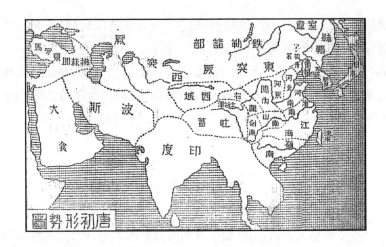

嫁给他。公主好佛，吐蕃开始接受汉化，信仰佛教。其时北印度的乌苌国强盛。唐僧玄奘前往游学，对他盛称太宗威武，乌苌王就遣使来朝，太宗命王玄策往使，适乌苌王死，权臣篡国，发兵拒玄策。玄策发吐蕃、泥婆罗的兵，现在尼泊尔之地。把他杀败，禽送阙下，这是中国兵威，对西南所至最远的一次。只有高句丽，太宗自将往讨，仍未能得利，直到高宗时，才遣苏定方灭百济，遣李勣避太宗讳，去世字。灭高句丽。日本派兵来救百济，被刘仁轨同新罗王大败之白村江口，在朝鲜全罗道。这些征服和来降的国或部落，唐朝都就其地设立都督府、州，即以其君长为都督、刺史，听其自治，是为羁縻府、州。唐朝另就边要地方设立"都护府"或"都督府"，驻兵防卫，加以管理。

唐玄宗时的武功

　　唐朝的武功，到高宗时而达于极盛。然吐蕃的猖獗，亦起于此时，青海和西域两方面，都很受其扰害；突厥遗族，亦时有反侧。到武后时，突厥竟复有唐初的疆域，契丹也叛变过一次，河北大受蹂蹿。玄宗即位后,才把吐蕃打退,恢复黄河上游之地,东突厥亦于七四四年再为中国所灭,从此不能复振了。

隋唐的对外交通

对外的交通,可分水陆两路说。陆路:在隋朝时候,通西域的路共有三条,(一)自天山北路出黑海与里海间抵欧洲。(二)出葱岭到波斯。(三)出葱岭到北印度。唐时,又加(四)从安南经云南、缅甸到印度的一条路。(五)从这条路上,还可分支达柬埔寨,和海路衔接。海路:欧洲和中国是久有交通的。据阿拉伯人的纪载:公元一世纪后半,西亚细亚的商船就达后印度半岛。第三世纪,中国商人,渐次西航,由广州达槟榔屿,四世纪到锡兰。五世纪到亚丁。终至在波斯和美索不达米亚,独占商权。当时的狮子国今锡兰。实为世界商业的中心。中国人、印度人、马来人、波斯人、犹太人等诸民族经商者,都荟萃于此。直到七世纪末,阿剌伯人才代之而兴。据梁启超《世界史上广东之位置》。故在八世纪初期,因他们直航中国,其时广州、杭州、泉州诸地,又成为东亚的贸易中心。然则盛唐之世,正是中国和阿剌伯海权交替的时代了。南洋群岛,隋唐时代,来朝贡的亦颇多。隋炀帝曾一度用兵于流求,那就是现在的台湾见《北史·流求国传》,又《隋书》已有流求之名。该书云:"自鼋鼊屿一日便至。"则当指今之台湾。又《元史》云:"流求在南海之东,漳泉兴福四州界内,澎湖诸岛与流求相对,天气清明时望之,隐约如烟如雾。"可知元明前,犹指台湾为流求。了。

【习题】

(一)试将隋、唐时域外重要的国,列为一表。

（二）突厥较之匈奴，大小如何？

（三）突厥为什么容易分裂？

（四）西藏相信佛教，起于什么时候？

（五）从三国到唐初，中国对于东北的权力，伸缩如何？

（六）唐朝的武力，在什么时候中衰，什么时候复盛？

（七）唐朝对于征服属地，用什么方法管理？

【参考】

本章可参看拙撰《白话本国史》第二编下第一章第二至第六节、第二章第一至第五节，及孙毓修《玄奘》（商务印书馆本）。

第十一章　隋唐之政治与学术

隋唐政治概观

隋唐的政治制度，是承袭魏晋南北朝的。西汉的政治制度，沿袭秦朝；秦朝的制度，虽为古今官制上的一大变局，也有多少从列国遗留下来的成分在内。所以从东汉以后，就渐起变迁。魏晋南北朝，都是承着这个趋势的。隋唐时代，乃因既成的事实，而加以整理。

隋 唐 的 官 制

秦汉时代，相权颇重。到东汉则渐移于尚书。曹魏时又移于中书。刘宋时又移于侍中。隋唐时代，乃以中书、门下、尚书三省为相职。侍中为门下省的长官。中书和皇帝面议办法，门下省加以审查，由尚书省行下去。尚书分吏、户、礼、兵、刑、工六部，统辖诸司，各为全国所职掌的最高行政机关。各机关分立，处事虽极精详，不免嫌其迟滞，所以后来，三省长官，不大除人，但就他官，加一个"同中书门下平章事"等名目，其人就算宰相。实际上，中书门下两省，亦是先行合议的，并非事后逐件审查。御史一官，其初该是帮皇帝看文书的。看文书要审查其办法的合不合，所以后来变为弹劾之官。在隋唐时亦很有威权。外官，从汉末州郡握兵后，中央的权力，总不甚完全。参看上册本编第二章、第七章。两晋以后，喜欢侨置州郡，譬如现在辽宁省，为日本强占，辽宁省的人有逃到河北的，就在河北省里设一个辽宁省，就是所谓"侨置"。这是由于当时的政治，还未完全脱离属人主义的原故。州的疆域，就渐次缩小；后来竟至与郡相等。隋唐时乃并为一级。于其上设置观察等使，仍为监察之官。秦汉时，县大率方百里，每十里为一乡。每乡都有"三老"管教化；"啬夫"管收税，听讼；"游徼"管巡查，禁止盗贼，这些都是自治职。实际上，县令等于古代一国之君，一切民政，要他直接办理，是来不及的，全靠这种自治职，能彀实心办事，政治才得推动。汉朝此等自治职，地位还很高；也真有相当的权力，能彀办事。魏晋以后，此等规模，却渐渐废坠了。这是中国政治，所以废弛的一个大原因。

隋唐的选举制度

学校只有在西汉时代，真是学问的重心。因为其时社会的程度还低，研究学问的人，究竟不多，学者求师和求书都难，所以各地方的人，真有到京城里去求学的。据赵翼《陔馀丛考》卷十六《两汉时受学者皆赴京师》条。但东汉时代，私人讲学已盛，赵氏之说，实在只可指西汉。东汉以后，情形就渐渐的变了。三国以后，则学校有名无实，不过是贵族或读书人的一条猎官的捷路，而人才的拔取，就移到科举。科举的前身是汉朝的郡国选举，是不加考试的。于是请托、运动等弊端百出。后汉以后，考试的法子，就渐次兴起，然都不是常行的。直到唐代，而其法才大备。唐朝的法子，是会应试的人，先向地方官报告；地方官加以考试，择取合格的，送进京城；由礼部再加考试，这是举士，称为"乡贡"。"乡贡"以外，别有制举，由帝王亲自主试，甄拔非常的人才。又举士与举官不同，前者不过得到一种国家承认的出身,后者才能由国家授以官禄,是由吏部主试的。关于举士所设的科目甚多,常行的为明经、进士两科。明经试经书,只重记诵。进士试诗、赋,更不切实用。有考试的好法子,而所考的都是无用的东西,却是可惜了。

隋 唐 的 兵 制

隋唐的兵制,是很为有名的,就是所谓府兵。府兵之制是起于北周的,到唐朝而更为完备。其制:于重要的去处,设立折冲府,有折冲都尉以下许多武官;百姓名隶兵籍的,都属于折冲府,以农隙教练,有事时征集,命将统率出征;事罢归来,依旧各归其府。这一种制度,没有养兵之费,不过隶名兵籍的,也要"蠲其租调"。而可以得多兵之用;兵无屯聚之患,亦不至无家可归,难于遣散;确自有其优点。惜乎承平既久,有名无实。到玄宗时,连皇帝的卫兵,都调不出来,而要改用募兵了。

隋 唐 的 法 律

中国的法律,是定于晋、唐两朝的;刑法则定于隋朝。秦朝所用的法律,是战国时魏国宰相李悝所编的《法经》,共只六章,李悝所作《法经》,共六篇:曰《盗法》、《贼法》、《囚法》、《捕法》、《杂法》及《具法》是。不毂应用,汉时乃逐渐增加。专制时代,命令是和法律有同等效力的;成案则当时名为"比",亦可引用。条文既已繁多,编纂又极错乱,奸吏遂得上下其手。汉时屡有编纂之议,始终未能成功。晋初,才编成一部有条理的《晋律》,此法历代相沿。《唐律》也是以《晋律》为本的。唐以后编纂法律的,有金、明、清三朝。都以《唐律》为本,《清律》又沿袭《明律》。所以中国从采用西洋法律以前，历代的法律，可以说根本上是相同的。至于刑法，则古代本称"伤及身体"为刑，和"死"为对称。因为死亦是伤害身体的，所以又称死为"大刑"。拘禁及罚作等，皆不称为刑。儒家说：古代风俗淳朴，用不着刑罚，只要有一种办法，叫犯罪的人，觉得羞耻就够了。如犯死罪的人，叫他穿一件无领的衣裳就是。这种办法，儒家称为"象刑"，因又称伤及身体的为"肉刑"。汉文帝曾把肉刑废掉。死刑之外，只留髡、笞两种。然笞法实际多至死亡；"髡法则又仅剔其毛发"，不足以资惩创，所以刑罚轻重，很难得其平。此说根据马端临《文献通考·刑考序》。周、齐时，徒、流之法，才渐次兴起。到隋时，乃定以笞、杖、徒、流、死为五刑，各分等级，从此以后，也就历代相沿了。

隋 唐 的 赋 税

当两汉时代，儒家鉴于地权的不平均，也有想恢复井田的，也有想限民名田的，已见上册本编第五章。后来此两法都没有能实行，乃又有一种议论，说井田之制，宜于大乱之后，人口减少，土田无主时推行。晋武帝平吴之后，乃定一种户调式。因男女、老幼，以定授田的多少。户调式定后，国内不久就乱了，究竟推行至如何程度，现已无从稽考。北魏孝文帝定均田令，授田之法，也和晋朝相同，又举出露田和桑田的区别。露田是受之于官，也要还给官的，桑田则许其私有。唐时，将官授的名"口分田"，私有的名"世业田"，世业田以二十亩为限。多的，可以出卖，而不得卖其应有之数；不足的可以买进，亦不得超过定限。田多，足以计口分授的谓之"宽乡"；不敷的谓之"狭乡"。狭乡受田，较宽乡减半。肯从狭乡迁到宽乡，是有补助的。许其卖口分田，就是以卖价补助其迁移费的意思。其取于人民的，则农田所出的谷物谓之"租"，为公家服役谓之"庸"，随其地之所产出丝、麻及其织品谓之"调"。这就是有名的租庸调法。此法的用意，诚然很好，但不易严密执行；后来，官吏管理逐渐懈弛，加以豪强的兼并，天灾兵乱的相继，到唐朝中叶，册籍既坏，人民多逃亡，租庸调旧制，遂不能行。德宗时，杨炎为宰相，以公元七八〇年改行两税法。凡人民，只就现居其地的立为簿籍，不问年纪大小，但以贫富定纳税的多少；分夏秋两季征收。这两税法从那时行起，上下称便，历五代而至宋明，颇能继租庸调之废而适应需要。

隋唐的学术

从魏晋以后，讲经学的人，渐渐流于繁琐。只注意于一事一物的考证，而于大义反非所问。南北朝以后尤甚。唐朝的啖助，讲《春秋》才不拘三传，而自以其意求之于经。三传，谓《左氏》、《公羊》、《穀梁》，都是解释《春秋》经的。道、佛两教，从魏晋以后，逐渐兴盛，几乎要夺儒家思想之席。唐朝的韩愈，做了一篇《原道》，对于佛老，力加排斥。这都是宋朝学术思想的先驱。讲史学：则（一）唐朝人搜辑当时史料，编纂当代历史的风气颇盛。关于这一个问题，可以把拙撰《史通评》外篇第二做参考，页七五至八七（商务印书馆本）。（二）中国历代，每后一朝兴起，必修前一代的历史。现在所谓正史，大抵是如此修成的。从南北朝以前，都是一个人独力修纂，就官纂的也是如此，可参看《史通·古今正史篇》。唐朝才开"合众纂修"之局。虽然见解的高超，体例的画一，不如私人所修的，教材却收集得多了。（三）前此作史的人，不大讲史法。到唐朝则有刘知幾著《史通》，对于这一个问题，专门加以研究。（四）又有杜佑著《通典》，专记历代的制度，也是开宋朝史学兴盛的先声的。

隋 唐 的 文 艺

魏晋南北朝时,骈文愈做愈趋于靡丽,太不切实用了,于是反对的声浪渐起,尤以周、隋两朝为甚,然习惯既久,一时变不过来。直到唐朝,韩愈、柳宗元,才做成一种新式的文学。他们这种文字,是不学东汉以后,而以西汉以前为法的,所以自称为"古文"。又或称为"散文",而对于四六对仗称为"骈文"。从此以后,就骈散分途,各适其用。诗在唐朝,算是极盛的。古代文字,不分四声。梁、陈以后,才渐渐讲求,于是诗和文都生出律体。不论诗文,调平仄的,都可以称为律。诗的律体,是到唐朝而大成的。又诗的根本,是从歌谣而来,所以多长于"比"、"兴",含蓄不露,到唐朝人才特长于"赋"。"赋"、"比"、"兴"是做诗的三种法子,见在《诗经》第一首的《序》里。"兴"是因此而及彼,如见名花而思美人。"比"是以此喻彼,如以名花比美人。"赋"是实写,如描写名花或美人的艳丽。其中最著名的,如杜甫的诗,描写天宝乱离的情形,十分详尽,后人至称为"诗史"。白居易《新乐府》,描写当时社会上、政治上种种黑暗的状况,也是很能骇动人的。中国古代的音乐,汉以后渐渐失传,已见上册本编第五章。却是魏晋以后,汉武帝时的新声,又渐渐失传了。只有一部分,还保存于南朝。北朝则从外国输入的音乐,流行特盛。隋时,称南朝的旧乐,从外国输入的为燕

李白

乐。新乐日盛，而旧乐渐渐式微。根据此等音乐的声调所做成的作品，谓之词。唐朝人开其端，至五代而渐盛。通俗的文艺，是到宋以后才盛行的，然其端亦开于唐朝。唐人有所谓"变文"，系将故事演变而成，如《大舜至孝》、《目莲救母》之类；又有所谓"俗文"，则是将佛经翻成通俗文字的；这是后来平话的起原。又有佛曲及劝世诗，亦为后世宝卷、弹词之祖。书法：在南北朝时，南人是擅长真书和行、草的，北碑则犹存分、隶古意。隋碑结构严正，而笔画渐趋妍丽，已能兼两派之长。唐人擅长书法的尤多，如欧、虞、颜、柳等，欧阳询、虞世南、颜真卿、柳公权。至今写字的人，还奉为模范。南北朝时，山水画渐渐兴起，到唐朝而更盛。其中王维的画，专取清微淡远；李思训的画，则注重着色，钩研成趣。所以李王二人又为后世山水画"南北宗"之祖。人物画，亦因受佛画和雕刻的影响，较之古代的画风，更形工巧。

【习题】

（一）试述自汉到唐相职的变迁。

（二）试述自汉到唐地方制度的变迁。

（三）为什么民政不能靠县令办，而要靠自治职？试就眼前的事情，举几件实例。

（四）汉代的郡国选举，和唐代的科举制度有何异点？

（五）唐代科举制度的劣点何在？

（六）府兵的制度，可以称为民兵否？

（七）试述中国历代法律的变迁。

（八）隋代的五刑，和古代的五刑，同异如何？

（九）有人说："租为田税，庸为自税，调为家税。"这话对否？

（十）唐朝授田之法，为什么会破坏？

（十一）流于烦琐的经学，为什么无用？

（十二）韩愈的《原道》，你读过否？试再看一遍，察其用意所在。

（十三）当代的史事，是否当留意搜辑？研究历史，是否要合众人之力？研究别种学问如何？为什么作史要讲史法？政治制度和历史的关系如何？

（十四）试举一个散文较骈文易于达意的实例。

（十五）怎样叫律诗？怎样叫古诗？

（十六）你看见过杜甫、白居易诗没有？如其没有，试去找几首看看。

（十七）词和诗，形式上的区别如何？

（十八）唐朝人的碑帖，你看见过几种？

（十九）山水画同人物画，孰为有趣？青绿山水和墨笔山水的区别如何？

【参考】

本章可参考拙撰《白话本国史》第二编第三章第一至第五节。

第十二章　隋唐之社会与宗教

隋唐初年的富庶

经过三国到南北朝长期的战乱而复见统一，国内太平，兵革不作，自然社会要欣欣向荣了。果然，在隋文帝时，虽然统一未久，国内已见富庶的气象，虽经隋末的丧乱，然到唐太宗初年，又有"行千里者不赍粮，断死刑岁仅三十九人"的盛况了。见《唐书·食货志》。

南方文化经济的发达

中国文化和富庶的重心，两汉时代，还是在北方的，三国以后，北方经过长期的战乱，南方虽亦有战事，究竟平安得多。又自五胡乱华以来，北方人纷纷南迁，学术、技艺等，都随之而输入南方。南方的文化和富庶就大形发达，骎骎驾于北方之上。汉时建都长安，漕转关东之粟，到唐时，漕运却要仰给于江淮了。唐朝的漕运，是跟着水的涨落走的，二月里发扬州，四月里自淮入汴，六七月到黄河口，八九月入洛水。中间有一节，水运不通，陆运以入于渭，直达长安。

商 业 的 发 达

承平时代，商业本来容易兴盛。当时江淮的商船，大的载重至八九千石，驾舟的至数百人，岁一往来，其利甚大。见《唐语林补遗》。
北至河、洛，南至闽、越，亦有不少商船。唐朝刘晏说的话，见《旧唐书》卷
九十四。九世纪中叶，政府用兵安南，艰于运饷，有人献议，从长江下
流用船运往，这是中国历史上纪载从海路运粮之始。说据顾炎武《日
知录》。然商人的运输货物，必已远在其前了。海路对外国的贸易，
也极兴盛。已见前一章。陆路自隋时已置互市监，管理西域的互市。
唐时，又在广州设市舶司，以管理海路的贸易。饮茶之习，起于三国
时。见《三国·吴志·韦曜传》。南北朝以前，还只行于南方，隋唐之
世，渐渐普及全国。唐中叶以后，国家既收茶税，回纥也驱马市茶。
见《唐书·陆羽传》。又中国从前所谓糖，只有谷物制的。唐太宗时，
才从北印度的摩揭它，输入造蔗糖的法子。见《唐书》本传。这又是因
商业兴盛，而影响到农、工业上了。唐朝陶瓷业亦最盛，尤以昌南镇
的瓷，名闻全国。其后渐次发达，乃成名动全球之景德镇瓷器。见吴
仁敬等《中国陶瓷史》（商务印书馆中国文化史丛书本）。

隋唐时的宗教

因为中外交通的繁盛，外国宗教，多有输入中国的。波斯的拜
火教，从北周时输入，谓之胡天，后来又造了一个袄字。唐时，波斯
为大食所灭，拜火教徒，在西方颇受压迫，因此东来的更多。基督教
即景教，为波斯人阿罗本所输入。公元六三五年到长安，太宗许其
造寺，后来改称大秦。又有摩尼教，武后时初来中国，其教为回纥人
所信，唐中叶后，回纥人来的多了，摩尼教又随之而入，遍于江淮诸
州。景教名义，因耶稣生时，明星出现，碑文有"景宿告祥"之语。袄字系从示
从天，读他烟切。Mezdeisme 为波斯国教，立善恶二元，以光明代表净和善，黑
暗代表秽和恶，所以崇拜火及太阳。摩尼教 Manicheismo 原出火教，亦行于波

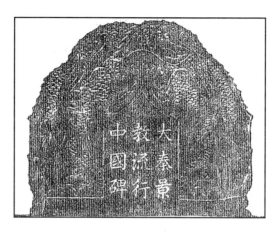

大秦景教流行中国碑(七八一年立,明末在西安出土)

斯。景教是基督教中的聂斯脱利安派 Nestorians,因创异说为同教徒所驱逐的。阿罗本 Olopen 系波斯人,从波斯来,所以初建寺时,名为波斯寺。祆教、景教、摩尼教,当时的人,谓之"三夷寺"。唐朝因为自己姓李,道教所崇奉的老子也姓李,尊为玄元皇帝,奉《道德经》为群经之首,特置"道举"。考取所举之人,在政治上很受优待,然尚不足与佛教争衡,三夷寺更无论了。但是回教亦于唐时输入,有隆隆直上气象。僧尼既不耕而食,不织而衣,还要据有很大的田产,众多的奴婢;这都是财政和经济上损失,自然要引起反响,所以当八四五年武宗乘回纥的衰亡,就把他和三夷寺一同禁绝了。武宗死后,佛教旋即恢复,然(一)出世的议论,既渐为一般人所怀疑。(二)信仰的人多了,不能再讲高深的教理,于是各宗皆衰,只有不立文字的禅宗,和专门念佛的净土宗,净土宗的念佛,有"观"、"想"、"持名"三法。"观",如观看佛像;"想",如想像佛像;"持名",就是口宣佛号,系使人心有所主,不致散乱的法子。现在所谓念佛,却只知道"持名"一端了。还流行着,佛教到这时候,在哲理上渐渐失其地位,而要有别种新哲学起而代之了。

【习题】

（一）为什么大乱之后，骤见平定，社会容易富庶？

（二）假使没有五胡之乱，南北方文化经济的情形当如何？

（三）为什么承平之世，商业易于发达？

（四）中国商业的发达，和水道交通的关系如何？

（五）茶在何时成为输出品？

（六）糖和营业的关系如何？

（七）为什么祆教、基督教、摩尼教等，在中国不能如佛教的盛行？

（八）试述佛教盛极而衰的原因，分政治上、经济上、学术上三方面言之。

【参考】

本章可参看冯承钧《景教碑考》、《沙畹摩尼教流行中国考》（冯承钧译），均商务印书馆本。

第十三章　中国文化之东被

中国文化东被的原因

中国是世界上文明发源之地；他的文化，是对各方面都有传播的；而对东方的成迹，尤其良好。这是为什么呢？因为"水性使人通，山性使人塞"。中国古代文化的重心，在黄河下流，而从山东半岛航行向辽东，尤其便利，所以在先秦时代，东北已成为中国的殖民地了。说本日本鸟居龙藏《满蒙古迹考》，此书大可一看，尤其重要的，是第三十三章(陈念木译，商务印书馆本)。又傅斯年等合著的《东北史纲》第一卷亦可看(商务印书馆寄售)。从辽东再向东南拓展，就成为朝鲜的文明；再渡海，就达到日本。

朝鲜和日本的文化

古代的朝鲜，本来就是箕子之后；箕子时的朝鲜国，现在不能知其在何处。大约是逐渐东北迁的。到燕开辽东郡时，朝鲜必已在半岛了。汉时，半岛北部，又是中国的郡县；所以其文化，竟和中国一样；只是语言没有能彀同化罢了。朝鲜、安南，沐浴中国的文化都极深，始终没有完全同化，就是因为语言未能同化之故。可见语言为民族最重要的条件，爱护民族的人，决不可轻弃自己的语言。日本和半岛交通，在半岛隶属中国时已然，见上册《中古史》第三章。高句丽、百济、新罗自立后，也还继续主从关系,而和百济的往来,尤其密切。中国的文字、儒学、佛学,都是从百济输入日本的,而当丧乱之际,东北和半岛的汉人,避难出海的亦不少,中国的文化和生产技术,如养蚕、建筑、酿造等,亦即随此等人而传入日本。

隋唐时代的中日交际

日本当三国时,其女主卑弥呼,曾遣使来朝,受封为亲魏倭王。东晋南北朝时,又数次遣使和南朝交通。其表文多自称倭王,再加一个都督某某等国诸军事、安东将军的称号,中国亦就照他的自称封授他。此等事,日本的学者,都不认为其王室所为。他们所承认的,则自公元六〇八年小野妹子的使隋始。这一次,已带着学生和僧人来。唐时,日本更专置"遣唐使",从公元六三〇到八九四年,前后共计十九次。据日本木宫泰彦《中日交通史》(陈捷译,商务印书馆本)。日本自东晋以来,向与百济交通,由百济输入中国文化。东晋时,百济博士王仁携《论语》和《千字文》至日本,为日本有文字之始。唐时,日本留华学生,如吉备真备与日僧空海等创"平假名"与"片假名",为日本拼音文字,此皆中国文化东被,影响最大的。至于政治风俗,都模仿中国了。

渤海的兴起

高句丽灭后,余众北走,据地自立。此事在公元六九六年,即武后万岁通天元年。反叛的人,《旧唐书》说是高丽别种大祚荣。《新唐书》则名乞乞仲象,而祚荣为其子。又说他是"粟末靺鞨附高丽者"。案旧时史籍所用"种"字或"种姓"字,都与姓氏、氏族相当,却与民族无涉。甲民族中人,归附乙民族后,往往称为乙民族之别种。粟末靺鞨,是归附高句丽很久的,故《旧唐书》有高丽别种之称;论其民族,自系靺鞨。至乞乞仲象,亦当有其人,而《旧唐书》漏未叙及。《新唐书》下文但称为仲象,则乞乞当系其姓,后来祚荣姓大,有人疑其系据中国文义自造的。唐封为渤海王。遂建国,时在公元七一二年,唐睿宗先天元年。其疆域包括现在的吉、黑两省,和清朝咸丰年间,割给俄国的地方;还有朝鲜半岛的一部。一切制度,亦都以中国为模范,和日本、高丽都曾通过使节,直到九二七年,才为契丹所灭,前后共二百十五年。虽暂受契丹的羁绊,然其民族所开化,则已不可遏抑了。

【习题】

　　(一) 东北是什么民族的殖民地?

　　(二) 中国文化东被的路线如何?

　　(三) 试述隋、唐以前中日的国交。

　　(四) 吉、黑两省,是什么时候开化的?

　　(五) 热河在对东北的交通上,占何等位置。

第十四章　唐之衰亡与五代之纷乱

安 史 之 乱

　　唐朝的兵威，虽然和汉朝一样盛，却有一点不同。汉朝的征伐，所用的多是汉兵，唐朝却多用蕃兵、蕃将。其初边庭没有重兵，玄宗为要对付吐蕃、突厥、奚、契丹，西北两边，兵力才重，而安禄山又以胡人而兼范阳、平卢两镇节度使，就酿成"天宝之乱"。安禄山的造反，事在七五五年，兵一动而河北、河南相继陷没，潼关不守，玄宗逃四川。留太子讨贼，太子即位于灵武，是为肃宗。安禄山是没有谋略的，所以唐朝得任用郭子仪，再借用回纥等国的兵，把两京收复，时安禄山已为其子所杀，唐兵围之于相州，今河南安阳县。势已垂下，而禄山之将史思明，降而复叛，就从范阳南下，杀败唐兵，再陷洛阳，唐朝义任用李光弼，和他相持，到七六一年，史思明又为其子所杀，才算把他打平。安、史乱后，河西、陇右，河西，今甘肃省黄河以西之地，余为陇右。都给吐蕃攻陷。回纥骄横异常，云南的南诏国，又时有侵寇，藩镇遍于内地，中央行政的权力，不甚完整。唐朝的局面，就很难收拾了。

藩 镇 的 跋 扈

　　藩镇为患最甚的，是安、史余党，直到德宗时，才加以讨伐。其时平卢、天雄、成德三镇,连合拒命,卢龙本恭顺朝廷,后亦加入为乱,德宗发泾原兵东讨,路过京城,因赏薄作乱,奉朱泚为主,德宗逃到奉天,_{今陕西武功县。}又逃到汉中,因兵力不毂,只得赦其余诸镇,专把朱泚打平。宪宗时,淮西尤为跋扈,宪宗用宰相裴度,坚持用兵,到底把他攻下,河北三镇,_{卢龙、成德、天雄。}亦一时降服。然宪宗死后,旋即背叛,终唐之世,不能再取了。河北三镇以外,其余诸镇也时有背叛的,就不叛的,也总不免有些专横。而节度使实亦多为其兵所制,因为他们的得位,多是由军士拥戴的,军士既骄横又有野心的人,要从中利用,所以当时的节度使,也是岌岌不能自保的,弄成"地擅于将,将擅于兵"的局势了。

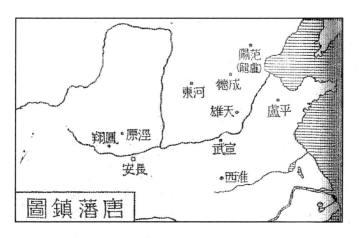

范阳军,即卢龙军,治幽州,今河北北平县。
平卢军,治营州,今热河朝阳县,后治青州,今山东临淄县。
成德军,治恒州,今河北正定县。
天雄军,治魏州,今河北大名县。
淮西军,治蔡州,今河南汝南县。
宣武军,治汴州,今河南开封县。
河东军,治并州,今山西太原县。
凤翔军,治凤翔府,今陕西凤翔县。
泾原军,治泾州,今甘肃泾川县。

宦 官 的 专 权

藩镇既跋扈于外，宦官又专权于内。唐朝有一种禁军，是开国时的兵士，无家可归的，给他渭水北岸的闲田耕种，子孙世袭，做皇帝的护卫。安、史乱后，本在青海地方的神策军，入驻京畿，也就算禁军。唐德宗回銮后，把"神策军"交给宦官统带，宦官因此干与政事，历代的君主多由宦官拥立，顺宗、文宗想要除掉他们，始终不能成功。

唐 朝 的 分 裂

八七四年，黄巢创乱，从山东经河南、湖北、江西、浙江、福建，直打到广东。再从广东打回河南，攻陷潼关。僖宗逃到四川。各处的藩镇，多坐视不救；来的亦不肯向前。先是西突厥别部，有支住在新疆巴里坤湖附近的，名为沙陀突厥，初和吐蕃勾结，后来吐蕃又疑心他，乃归降唐朝，唐朝拣他的精锐，编成沙陀军，驻扎在山西北部，其酋长李克用沙陀酋马（长）姓朱邪氏，李是唐朝的赐姓。造反，给卢龙军打败，逃到阴山附近的鞑靼中。此时无法，只得赦李克用的罪，召他回来，居然把黄巢打平，然河东从此就落入沙陀手里了。黄巢乱后，唐朝的命令，全然不行，藩镇互相争斗，其初本以李克用为最强，后来宣武的朱全忠，尽并河南、山东，威服河北，李克用也弱了。其时宦官依旧专权，关内的节度使，全是他们的党羽。昭宗的宰相崔胤，结连朱全忠，想除掉他们。宦官迫胁昭宗，逃到凤翔，朱全忠进兵围攻，经一年多，凤翔不能守，乃奉昭宗出城，于是大杀宦官，昭宗亦被朱全忠劫迁到洛阳，旋杀之而立其子。九〇七年，唐遂为朱全忠所篡，是为梁太祖。

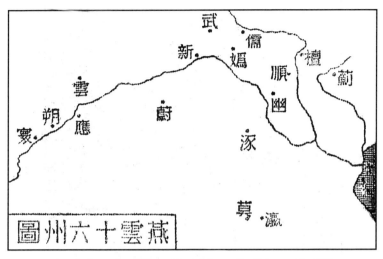

幽：北平	蓟：蓟县	瀛：河间	莫：肃宁	涿：涿县
檀：密云	顺：顺义	新：涿鹿	妫：怀来	儒：延庆
武：宣化	云：大同	应：应县	寰：马邑	朔：朔县
蔚：蔚县				

五 代 的 纷 乱

此时北方梁、晋两国对立。南方分为吴、吴越、闽、楚、南汉、前蜀六国。梁太祖死后，末帝幼弱，为后唐庄宗所灭。庄宗又灭掉前蜀，旋为明宗所篡，明宗女婿石敬瑭镇守河东。明宗死后，养子废帝，要把他移到山东。敬瑭造反，割燕云十六州，以求救于辽。辽兵南下，废帝败死。辽人册敬瑭为晋帝，是为晋高祖。高祖事辽甚谨，死后其侄出帝，和辽开衅。九四七年，为辽人所执，辽太宗入大梁。旋因中国人不服，北还。太原留守刘知远入大梁，是为后汉高祖。仅四年，而为周所篡。

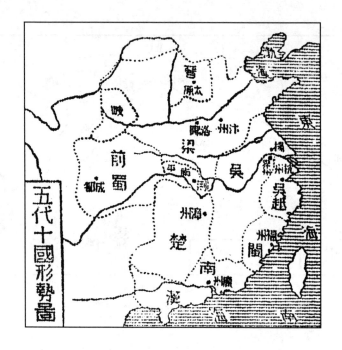

周世宗的雄略和宋朝的统一

　　五代中，唐、晋、汉三朝，都是沙陀人，到后周，汉人才又恢复。其时吴已为南唐所篡，又吞并闽、楚，和后蜀都有窥伺中原之意，都要和辽人连结，北汉更其是专倚赖辽人的。周太祖的儿子世宗先把国内整顿好，又把这三国都打败，然后出兵伐辽。把瀛、莫、涿三州恢复。进攻幽州。惜乎天不假年，在军中遇疾，未几就死了。嗣子幼弱，遂为宋太祖所篡。时公元九六〇年。宋太祖承周世宗之后，国内业已富强。其割据诸国，大都乱弱。乃先将南平、后蜀、南汉灭掉，旋又灭掉南唐。太宗即位后，吴越纳土归降，公元九七九年，出兵灭掉北汉，全国就统一了。

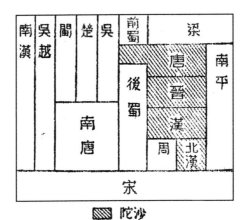

【习题】

（一）安、史之乱的原因在那里？

（二）因安、史之乱所引起的内忧外患如何？

（三）藩镇的跋扈，和宦官的专权，二者为患孰深？

（四）黄巢的兵，何以能走这么远的路线？

（五）何谓沙陀突厥？

（六）唐朝的命令，到什么时候才全然不行？

（七）五代中，那三代是沙陀人？

（八）燕云十六州的形势如何？ 燕云十六州失掉后，北方还有什么险可守？ 你试查查地理看。

（九）燕云十六州，曾否恢复一部分？

（十）五代是怎样统一的？

【参考】

本章可参看拙撰《白话本国史》第三编上第二、第三章。孙毓修《郭子仪》（商务印书馆本）。

第十五章　宋之统一与变法

宋朝的积弱

中国虽然统一了，燕云未复，总是一个很大的创伤。所以宋太宗灭北汉后，就进兵伐辽，不幸打得大败。后来又北伐一次，亦不得利，辽人却屡次南侵，到真宗时，遂成澶渊之盟，宋朝出岁币，和辽国讲和。辽主称宋为兄。宋给辽岁币银十万两，绢二十万匹。此事在一〇〇四年。真宗死后，仁宗继立，西夏又造反。前后用兵十年，宋朝亦总不得利。一〇四四年，亦以岁赐成和。银、绢共二十五万两、匹。

宋朝积弱的原因

宋太祖

宋朝的积弱如此，却是为什么呢？原来宋朝承晚唐、五代之后，不得不厉行中央集权政策。宋太祖既于燕会之际，讽示宿卫诸将，令其解除兵权，各州武臣出缺的，又都代以文臣。州、刺史、县令，都不除人，命京朝官出知。"知"是差遣的名词，本官不除人。设转运使于各路，以经理财赋。诸州的兵，强壮的都送进京，升为"禁军"；留州的谓之"厢军"，是无甚战斗力的。重要去处，却命禁军轮班前往守卫，谓之"番戍"。"番"字，就是唐、宋时候的"班"字。如此，藩镇跋扈之弊，自然没有了。然而后来，兵数日增，而战斗力反日减。中国历代的取民，本是以田租、口税为正宗的。唐中叶以后，因地方为藩镇所专，国用不足，乃收盐、茶等税以给用。还有藩镇所兴的苛税和商税等，宋朝虽尽力减免，因为养兵之故，亦未能全行除掉。仁宗以后，兵数超过百万，既不能对外作战，却又不敢说裁，遂成为"竭天下之财，以养无用之兵"的局面了。

宋代社会情形

论到社会的情形，宋时也是很恶劣的。晚唐、五代之世，暴政诛求，豪强兼并，地权不平均，农民饱受高利贷的剥削；而其时役法又特坏。古代的役，系筑城郭、修道路等事，至于在官署中典守府库，供奔走使令等役，则其事非人人所能为，本不能按户"签差"，而且要支给报酬的。晚唐以后，乃将此事责之人民，调查其丁口的多少，赀产的厚薄以定所谓"户等"，而随时派他当差。有几种重、难的差使，当着的人，总要因赔累而至于破产的。这是当时人民最苦的事。

王安石的变法

仁宗之后，经英宗以至神宗，用王安石为宰相，厉行新法。新法中重要的是：（一）把常平、广惠仓的钱谷，春耕时借贷给农民，到秋收后，加息随赋税交还，谓之"青苗钱"。（二）又令人民当差的出"免役钱"，不当差的出"助役钱"，把这钱来雇人充役，这叫"差役法"。（三）"市易法"，市中滞销的货物，由官收买，或与官物交换。

又借官钱于商人,令纳息。(四)"均输法",凡籴买税敛、上供之物,皆得徙贵就贱,用近易远,以便利商人。(五)王安石是主张民兵的。他于大裁冗兵之后,又主保甲法。先令保丁警备盗贼,后来教保长以武艺,令其转教保丁。(六)"保马法",凡民间愿养马者,每户一匹,以官马给之,或付官价使自购。死病要补偿。这法多致赔累,最为病民。(七)他又是主张养士的。乃于太学立外、内、上三舍,令学生以次而升。升到上舍的,可不经礼部试,径赐之以进士第。(八)至于科举,则因当时风气,只看重进士一科,所以把"诸科"都裁掉,进士以外,各种科目,总称诸科。独存进士;而废诗赋,改试策、论、经义。

保	五家	保长
大保	五十家	大保长
都保	五百家	都保正副

新旧的纷争

王安石的新法,用意是很好的。但行之不得其宜,以致有名无实,或者反致骚扰,自然也不能免。在朝诸臣,纷纷反对,遂分为新、旧两党。神宗始终行新法没有变。神宗死后,哲宗年幼,太皇太后高氏临朝,用司马光为相,把新法全行废掉,新党全排斥。但是旧党又分蜀、朔、洛三大党,蜀党推苏轼,朔党推刘挚,洛党推程颐,为其党首领。各党互相攻讦,纷闹意见,授新党以间隙。太皇太后死后,哲宗复行新法,谓之"绍述"。用新党,贬逐旧党。哲宗死后,徽宗即位,初说要调和新旧,旋又倾向新法。然而所用的,是一个奸佞的蔡京,徽宗既奢侈无度,蔡京又妄作妄为,政治弄得糊糟一团;反要联合金人,希冀恢复燕、云,遂至召北狩之祸。

【习题】

（一）宋初对辽夏的关系如何?

（二）宋太祖中央集权的政策如何?

（三）试述北宋中叶兵、财两政的情形。

（四）宋代的役法,是怎样的?

（五）青苗法的用意如何?

（六）出免役钱,较之当差负担孰为平均?

（七）宋时的保甲,性质如何? 是警政? 还是军政?

（八）最病民的新法是什么?

（九）科举分设多科,较之单设一科,孰为合理? 策、论、经义,较之诗赋,孰为有用?

（十）宋朝新、旧法的兴废如何?

【参考】

本章可参看孙毓修《司马光》,柯昌颐《王安石评传》(商务印书馆本)。

第十六章　辽夏金之兴起与对宋之关系

宋 辽 的 关 系

　　辽是鲜卑民族,在今热河省内西辽河上流。其众分为八部。唐朝末年,幽州守将暴虐,人民多逃亡出塞,辽太祖耶律阿保机,将其招致,又计并八部为一。当九世纪中叶,回纥为黠戛斯所破,逃奔西域。漠南北无甚强部,零碎的部落,都给他征服,属地西至河西,北至克鲁伦河,又东北吞灭了渤海,直属于辽的人民,谓之部族。多数以畜牧为业,举国皆兵,所以兵多而且强。太宗时,得了燕云十六州之地,国势更盛。周世宗时,辽穆宗在位,沉湎于酒,国势中衰,所以世宗得乘机恢复关南。瓦桥关,在今河北雄县。周世宗复瀛、莫后置此关,与辽分界。圣宗时,为辽全盛时代。澶渊之盟,即成于此时。圣宗死后,兴宗继立,遣使来求关南之地。宋仁宗增加岁币,将和局维持。银、绢各增十万两、匹。兴宗死后,辽也渐渐的衰了。

宋 夏 的 关 系

　　西夏是党项部落,唐时归化中国的。其酋长拓跋思恭因平黄巢有功赐姓李,拓跋氏是鲜卑姓,大约是鲜卑人党项中做酋长的。为唐定难节度使。唐朝从中叶后,河西、陇右,陷于吐蕃,回纥衰亡未几,吐蕃亦内乱,中国乘机,把其地恢复,然实力不大及得到。从五代以来,

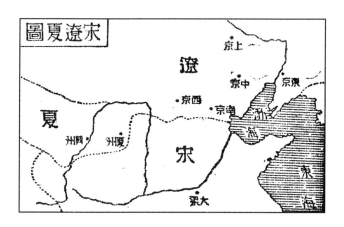

西北一隅遂陷于半独立的状态。宋初,定难节度使李继捧以银、夏、绥、宥四州来降,银州即今陕西米脂县,夏州即今横山县,绥州今绥德诸县,宥州今鄂尔多斯右翼前旗。其弟继迁叛去。宋人征讨不克,继迁之孙元昊,于公元一〇三八年,竟僭号称帝。和宋交兵十年,亦以岁赐成和议。神宗时,要想经略西北,听布衣王韶《平戎三策》的话,先把甘肃南部和青海的蕃族征服,开辟其地为熙河路。然后来进兵攻夏,夏人溃黄河以灌营,不利。哲宗时,又与夏开衅,诸路同时进兵,占地筑砦。夏人不能支持,请辽代为求和,宋人因顾虑对辽的关系,讨伐亦就未能澈底。

金 朝 的 兴 起

金朝的部落,是隋、唐时的黑水靺鞨,在今松花江流域,其王室的始祖,则来自高丽,名唤函普。《金史》上没有说他的姓。渤海盛强时,靺鞨部落,都服属于他。五代时辽灭渤海,黑水靺鞨也归附于辽。入辽籍的谓之熟女真,不系籍的谓之生女真。生女真程度甚低,后来函普入,从高丽迁入完颜部,娶其部中之女,其子孙遂以完颜为姓。辽人用他做生女真部族节度使,他们教导生女真,渐次开化,会造房子,会种田,会利用车舆。外借辽人的声威,内靠自己的兵力和手腕,把吉林和朝鲜北境的生女真,次第征服。辽朝末主天祚帝,是很荒淫的,他一味喜欢打猎,年年派人到生女真去求名鹰,骚扰得很利害。生女真有个酋长叫吴雅束,生子阿骨打有大志,乘辽衰,乃于公元一一一四年叛辽,明年即帝位,国号金,是为金太祖。

宋 朝 的 南 渡

当金人攻辽得利时,宋朝派人去要求他"克辽之后,把石晋所割的地方,交还中国",金太祖约宋夹攻,所得的地方,即为己有。这是金、宋开始发生外交关系。而宋人进兵不能克,南京辽时共分五京,见前图。上京,今热河林西县;中京,今热河平泉县;东京,今辽宁辽阳县;西京,今山西大同县;南京,即今之北平。仍由金兵攻下,此时金人所得的地方,已经太多了。所以仍有将石晋所割的地方交还,但是已有一班汉奸,替他出主意,阻止他了。于是营、平、滦三州,非石晋所割的地方,就不肯还。而且将平州建为南京,派辽朝的降将张毂驻守。又尽俘燕民而去,只还宋朝一个空城。人民流离道路,不胜其苦,过平州时,求张毂做主。张毂就据城叛金,给金朝打败了,投降宋朝。宋朝受了他的降,宋、金就因此开衅。宋朝此时兵力腐败,金兵从燕、云长驱南下,河东尚有太原固守,河北竟毫无阻当。金兵直抵汴京,宋人不能解围,许割太原、中山、河间三镇讲和。太原,今山西阳曲县。中山,今河北定县。河间,今河北河间县。旋因西路金兵,亦来索赔,宋人不与,兵衅再开,太原亦陷,金兵两路都会。汴京不守,徽、钦二帝,遂都北狩。此时徽宗传位于钦宗,为太上皇。这事在公元一一二七年,史称为"靖康之难"。

南宋和金朝的和战

　　二帝北狩后，高宗即位于南京，此为宋之南京，今河南商丘县。初用主战的李纲做宰相。旋又变更宗旨，将他罢斥。宗泽招降群盗，固守汴京，请他回銮，不听。李纲请他暂驻南阳，又不听。而逃到扬州，又逃到杭州。扬州，今江苏江都县。杭州，今浙江杭县。金人尽取河南、陕西。兀术又渡江追击高宗，高宗从明州逃入海。明州，今浙江鄞县。金朝这时候亦"士马疲敝，粮储未丰"。兀术的话。兀术北归以后，不再主张进兵，乃将河南、陕西之地，封宋降臣刘豫，希冀得以休息。而刘豫动了野心，屡次入寇，给宋朝打败了，又要求救于金，金人见仍不免于麻烦，乃又将他废掉。此时宋高宗用秦桧做宰相，秦桧被俘在北时，和金朝的宗室挞懒有交情，而挞懒在金朝，颇有权力，秦桧乃遣使往北，请其将河南、陕西之地，还给宋朝，挞懒已应允了。不意兀术回京，事情中变，挞懒被杀，兀术再兴兵南下。宋刘锜在顺昌，岳飞在郾城，顺昌，今安徽阜阳县。郾城，今河南郾城县。都获胜

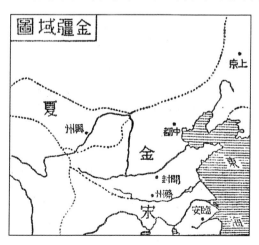

利;吴璘亦从四川出兵,收复陕西州郡,而高宗、秦桧,坚决主和;召还诸将,放弃河南、陕西,称臣以求和于金,是为宋、金第一次和议。金海陵庶人立,从上京迁都于燕,又迁都于汴。举大兵南伐,因其淫虐不道,兵才起而后方已拥立世宗。海陵急于渡江,被虞允文在采石矶打败。在今安徽当涂县北。改走扬州,为其下所杀。此时宋高宗亦传位于孝宗。孝宗是主张恢复的,出兵北伐,亦不利。一一六五年,第二次和议复成。第三次则宋宁宗时,宰相韩侂胄,出兵北伐,累战不利。宋朝政局变动,杀韩侂胄,函首畀金以成和,时为一二〇八年,当金章宗之世。和议成后未几,蒙古的兵,亦就到金朝塞外了。

一一四一年,宋称臣	岁币银、绢各二十五万两、匹
一一六五年,宋主称金主为叔父	银、绢各二十万两、匹
一二〇八年,宋主称金主为伯父	银、绢各三十万两、匹

【习题】

（一）辽人强盛的原因何在?

（二）辽的中衰,在什么时候? 辽的全盛,在什么时候?

（三）从唐末到宋初,中国对西北的实力如何?

（四）女真人是怎样开化的?

（五）金朝不统一生女真,能兴起否?

（六）辽朝灭亡的原因如何?

（七）试述宋、金启衅的原因。

（八）试述宋、金和战的始末。

【参考】

本章可参看拙撰《白话本国史》第二编中第四、第五章,第三编下第一章。

第十七章　宋之学术思想与社会概况

宋 代 的 理 学

宋朝的学术思想，在中国历史上，是很有其地位的。尤其理学是宋朝特有的学术思想，其发达之原因有四：（一）自唐季以来，就有书院的创立，当时老师宿儒，在院内聚徒讲学，号称山长。到了宋朝，书院更加兴起，最著的有四大书院，即湖南的岳麓，江西的白鹿，河南的应天和嵩阳。定章程，招俊秀，讲诵问难，学问因之大进。（二）宋儒之辈出，是欲以中兴儒家之说，而斥佛教之出世与道教之荒诞。这可以说是中国思想对印度思想的反动，也可以说

朱熹

是中国思想和印度思想的调和。原来佛教的哲学，确是很高尚的，然在中国的学术是以政治和伦理为立脚点的，看起来，就未免偏于消极了。这所以有宋朝人的"辟佛"，_{宋儒虽然兼辟佛、老，实在是辟佛的}话，居其多数。而其学问讲到精微之处，实已兼包佛学之长。（三）当时印刻之业兴，购书读书，都比从前便易，学术可以普及，亦为思想界之大助。（四）五代以来，士风扫地，名节荡然，宋代诸儒既注重伦理道

德,故多致力于修身格物之学,希圣希贤。宋学巨子,就是周、程、张、朱。北宋时又有邵雍算是别派,南宋时有陆九渊,则是和朱熹对峙的。他们明理的方法,可以分为朱、陆两派。朱子之学,是原本于小程子的。主张"即事物而求其理",陆子则主张先发本人之明,然后细细理会去。邵雍是研究数理的,他以为天地万物,根本上只是一体;质的变化,就是量的变化,所以想就数理上推求宇宙的原理、原则。这本是一种哲学,后世卜筮、星相等迷信之事,都假托他,可谓去题万里了。

宋五子
周敦颐　道州(今湖南道县)人。他家乡有一条水,名为濂溪;后来他居住在江西庐山莲花峰下,其地亦有一条水,他为纪念故乡起见,即名之曰濂溪;学者因称他为濂溪先生。(濂)
程　颢　洛阳人。
程　颐　(颢弟)
(洛)
张　载　郿县横渠镇人。(关)
朱　熹　婺源人,居福建。(闽)

宋代的经史之学

宋儒对于经学,是自以其意,推求圣人之意,不拘守前人之说的。虽或流于武断,然应该据理推断之处,其立说自胜前人。史学大家很多,司马光的《资治通鉴》,郑樵的《通志》,马端临的《文献通考》,都是综贯古今的名作。袁枢因《通鉴》作《纪事本末》,又为史家创一新体。此外搜辑当代历史的也很多;考证前代史籍,订正其错误的人也不少。

宋 代 的 文 艺

古文虽兴于唐代,其盛行却是在宋代的。普通所谓唐宋八大家,宋朝人实占其六。宋朝人的骈文,也是很生动流走的,谓之"宋四六"。诗该以江西派黄庭坚为宋人的代表。宋人诗是径直言情的,虽不如唐人的含蓄,诗境却比唐人恢廓了。词以宋朝为极盛,北宋之晏殊、周邦彦,南宋之辛弃疾、姜夔,都是名家。还有后世的平话,也是起原于宋人,像《宣和遗事》等类皆是的。

宋朝士大夫的风气

宋朝人的学问是要讲究躬行实践的,所以其立身行己,都有可观。他们大多数,知道治化的根本,在于社会。还能制定乡约,或冠、昏、丧、祭的礼节等,行之于地方,以求化民善俗,这确是他们的长处。但是他们不知道社会的变迁,所执意要推行的,往往是不合时宜的古礼;亦且古代社会等级之制甚严,在后世已经平等些了,他们因泥古之故,并此也要回复,就未免冷酷而不近人情,这又是他们的短处。他们论事,大抵要合乎理想,而不甚肯迁就事实;论人,大抵要辨别其心术,而不甚肯拘泥于形迹。这固然有彻底的好处,然亦有时因此而流于迂阔;又或苛责君子,使无容身之地,而小人反得逍遥事外。他们大概好争意气,因此容易结成党派。所以宋朝士风,概论起来:初宋则喜党争;中宋多习苟安;晚宋则力崇名节。如陆秀夫、张世杰、文天祥、谢枋得等,均为宋之季世作掉尾之一大活动,这就是宋代士风的特征了。

宋代社会状况

宋代的社会状况,始终是很黯淡的。但也未尝没有畸形的发达。地权的不平均,农民受高利贷的剥削,始终未能救正。南渡以后,贵戚势家,聚于江、浙一隅,更其变本加厉。近代江、浙田赋的独重,就是导原于这时候私家收租的苛刻的。南宋末年,宰相贾似道,把私家的田租额重的,硬收买做公田,即以私租为官租。元时,江、浙的田亩,收租还是重的。明太祖平张士诚后,又把私家的租额,就算做国家的税额,从此以后,虽屡经减少,浙西的租税,较之别处还独重。其时国土既蹙,又承丧乱之后,用兵则有兵费,讲和又有岁币,国用浩大,苛税繁兴。如"和籴"和"预买",中国从前,国家立于私人的地位,和人民做交易,谓之和。买米的谓之和籴,买其余一切东西,谓之和市或和买;雇人做工,或租用人家的东西(如舟、车之类),谓之和雇。宋朝变为赋税的和买是布帛,其中先付价后取物的,谓之预买。本来都是卖买,后来都变成租税了。还有经总制钱,"板帐钱"、"月桩钱"等,都是把许多无名苛敛,聚集起来的。所以当时的人民,实在非常之困苦。但是困苦的仍旧困苦,奢侈的还是奢侈。所以在一方面,社会反而显出繁荣的状况。譬如历代的都市,都是禁止夜市的,唐朝还是如此。唐朝两京诸市,日中击鼓三百以会众,日入前七刻,击钲三百而散,见《唐书·百官志》两京诸市署令。宋朝却不然了。其时临安各种卖买,几于都有夜市。不但应用之品,就供享乐消耗的也很多。宋朝商市情形,见宋人所撰《东京梦华录》、《武林旧事》等书。海外贸易,宋朝较之唐朝,也更形发达。杭州、嘉兴、宁波、泉州、广州、青岛等处,都曾设过市舶司。除抽税外,香药、犀、象等品,由官专卖,利息也很丰。总而言之:农民困苦,而商业资本活跃,历代本是一律的;然在宋朝,则此等现象,似乎更甚了。

印刷术的发达

工业中,印刷术的发达,对于文化的传播,有极密切的关系。中国古代,要传之永久的文字,就把他刻在金石上。这是以供人观览为目的,意不在于印刷。五九○年,隋文帝敕天下废像遗经,悉令雕版,才可称为印刷术之始。然隋、唐时还不盛行,直到九三二年,后唐宰相冯道,请令国子监将九经雕板印卖,宋初又续刻诸史,从此以后,官、私、商贾,刻书的才渐多。十一世纪中叶,毕昇又发明了活字版,得书的难易,较之从前,不可以道里计;书籍流传于后的,也就迥非唐以前所可比了。可参看孙毓修《中国雕板源流考》(商务印书馆本)。

【习题】

（一）为什么佛教的思想中国人以为消极？怎样说宋学已兼采佛学之长？

（二）朱、陆宗旨不同之处安在？

（三）质的变化,就是量的变化,试就现代科学,加以证明。

（四）宋代的经学,为什么和汉、唐不同,而会自成一派？

（五）宋朝史学中,有几部通贯古今的名著？

（六）我们现在的历史教科书,是什么体裁？

（七）唐、宋诗的不同,试就你自己所知的,举几个例。

（八）宋朝人的风气有什么长处？又有什么短处？

（九）试述现代江、浙田赋独重的起原。

（十）为什么宋朝国蹙民贫,商业依旧会发达？

（十一）试绘《宋代通商口岸图》。

（十二）试述我国印刷术演进的情形。

【参考】

本章可参看贾丰臻《宋学》,林科棠《宋儒与佛教》,周予同《朱熹》,拙撰《宋代文学》(均商务印书馆本)。

第十八章　元代之武功

蒙 古 的 兴 起

一二一〇年，蒙古侵金而塞外的轩然大波起。蒙古是从什么地方来的呢？蒙古在唐时称为室韦，地在额尔古讷河南，后来西徙到敖嫩河<small>敖嫩河亦名斡难河，今名鄂诺河，为黑龙江之北源。</small>上源。他大约曾和鞑靼人混合，所以又自称鞑靼。金朝灭辽后，金的势力，不大及得到北方。他只从河套地方起，造一道边墙，东北迤达到女真旧地，并使汪古部守备边患。塞北诸民族遂纷纷自相争斗。十二世纪后半，蒙古族的伟人奇渥温帖木真出，把漠南北诸部落次第征服，声威直达畏兀儿。一二〇六年，诸部共上他以成吉思汗的尊号，这就是元太祖。

金 朝 的 南 迁

金朝当世宗时代，从上京迁到燕，又从燕迁到汴京。把女真人搬进中原来，以镇压汉人，夺了汉人的田地，给他们耕种。而女真人一家百口，陇无一苗，都将田给汉人承种收租。因为生活的优裕，尚武的性质，反而消失了。蒙古兵一到，金兵大败。河北、河东都受蹂躏，宣宗只得弃中都迁都开封。

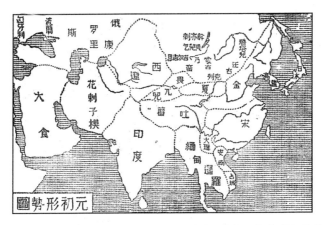

塔塔儿，就是鞑靼的异译，和蔑儿乞都是蒙古的仇部。克烈，其初是蒙古的兴部，后来才翻脸给蒙古灭掉的。乃蛮是当时漠北的大部。汪古是替金朝守边疆投降蒙古，把他引进去的。斡亦剌，就是明朝的瓦剌。吉尔吉思就是唐朝时候灭掉回纥的黠戛斯。畏兀儿，即回纥异译。

成吉思汗的西征

唐中叶以后，葱岭以西，多被大食国所征服。后来大食的威权衰了，他东方的镇将，也很多据地自立的。辽朝灭亡时，其宗室耶律大石，率众西走，立国于西方，是为西辽。和花剌子模，Khorasm 在波斯东北部，为突厥族所据地，后灭塞尔柱克突厥，尽得波斯地，旋又取得阿富汗全境，《元史》又称为西域国。并称西方大国。成吉思汗侵金时，乃蛮余孽，逃到西辽，和花剌子模里应外合，篡了西辽的王位。蔑儿乞余孽，也出入蒙古边界，要想乘虚报仇。成吉思汗乃北归，遣将把这两国打平，蒙古疆域就和花剌子模直接。因花剌子模镇将，杀掉西行的蒙古商队，成吉思汗大怒，就起大兵西征。花剌子模王不敢抵御，想听他饱掠扬去，遂被逼逃入里海岛中而死。成吉思汗尽定其地，又追击其王子，渡过印度河，想从西藏东归。因道路难行，又闻西夏背叛，乃仍从原路而还，别将则打败钦察、俄罗斯的联军，钦察亦作乞卜察兀(Kiptchacs)。这事在一二一九到二二年。因为蒙古大兵都在西方，金人乃得暂时支柱。

成吉思汗攻西夏受伤图

夏 金 的 灭 亡

金宣宗南迁后，仍把女真户都迁到河南，倚为主力的军队。然女真终于不能复振，既要抵御蒙古，又和宋、夏都开了兵衅，国力更形疲敝。成吉思汗东归后，于一二二七年，伐夏未克而死。遗命把夏国灭掉了，然后发丧。太宗立，遣弟拖雷，闯入宋境，从汉中走湖北西北境，以入河南。自己则从孟县渡河，两路合攻汴京。金哀宗又迁于蔡州，至一二三四年，而为宋、蒙古的联军所灭。

蒙古对东西南三方面的用兵

这时候，宋朝理宗在位，史弥远、贾似道相继为相，国势衰微。

灭金之后，却想恢复三京，谓东、西、南三京。北宋时，以开封为东京，洛阳为西京，归德为南京，大名为北京。以致和蒙古开了兵衅。川、楚、江淮，地都沦陷。幸而蒙古从太宗到宪宗的初年，还继续出兵西征。所以宋朝还未即受灭亡之祸。

西征之次第，是太宗遣侄拔都率兵五十万，定钦察，进攻俄罗斯，这时俄国分做数十国，蒙古兵来，或降服、或破灭，蒙古兵遂陷莫斯科。更西侵波兰及匈牙利，大破北欧的联军，兵锋直到奥地利的都城维也纳和意大利的威尼斯，全欧震恐。因得太宗病没的信，蒙古军才退去。及至宪宗即位，又遣弟旭烈兀西征，先剿平里海南山中的木剌夷，进攻大食，屠都城报达，报达，亦作八吉打。威势直到小亚细亚和埃及。

其间太宗又遣将东征，降高丽。宪宗遣将南征，从青海入吐蕃，灭大理。就是唐朝的南诏。

宋 朝 的 灭 亡

一二五九年，四方大略都被蒙古平定了。蒙古宪宗乃大举入四川，使弟忽必烈攻湖北；因合州守将王坚善守，宪宗死于城下。现在四川的合川县。忽必烈急顾北归，而贾似道不知道，遣使求和，许称臣，画江为界。忽必烈北归自立，建国号为元，是为元世祖。贾似道把和议隐瞒掉，诈称大捷。元使来的，都被他拘执起来。由是和议遂绝。此时元人因北方藩王叛乱，还未能专力对宋，所以宋朝又得偷安了几年。公元一二六八年，忽必烈遣阿术，力攻襄阳。襄阳坚守五年，到底于一二七三年陷落。明年，元兵遂大举入建康，继进陷临安，恭帝北狩。宋臣如张世杰、陆秀夫、文天祥等，又立其弟益王于福州，益王死后，又立其弟卫王，辗转迁徙到崖山。在广东新会县南海中。一二七九年，为元人所灭，宋亡。

建 立 大 帝 国

元朝在世祖时，其疆域跨有亚洲大部份和欧洲东北部。世祖更遣将南征安南、缅甸。攻爪畦，虏其王。惟东征日本，因遇飓风以致失利。

这时，元帝直接统辖金、宋两朝和高丽、吐蕃、大理诸国的地方。此外有四大汗国：一曰钦察汗国，为太祖长子术赤封地，其子拔都继之，统辖俄罗斯和里海、咸海以北之地。二曰窝阔台汗国，乃太宗之后，统辖金山阿尔泰山。以北乃蛮故地。三曰察合台汗国，太祖子察合台封地，统辖葱岭东西，西辽花剌子模故地。四曰伊儿汗国，乃宪宗子旭烈兀封地，统辖里海、咸海以南大食故地。于是蒙古建立空前的大帝国。

蒙 古 的 分 裂

从太祖称汗以来，到世祖灭宋，不过七十余年，遂建立大帝国，然太祖身死未几，内部分裂之机已肇。原来蒙古的大汗，是要由宗王大臣等公推的。太宗之立，由于太祖的遗命，所以不曾有异议。太宗死后，他的后人，就和拖雷的后人争位，定宗得立，旋短命而死。宪宗被推，太宗后人谋叛，被宪宗诛戮，宗室中遂势成水火。宪宗死后，世祖不待推戴，径行自立。阿里不哥举兵反抗，被世祖打败。而海都自立于西方，钦察、察合台两汗国，都附和他。蒙古大帝国，就从此分裂了。

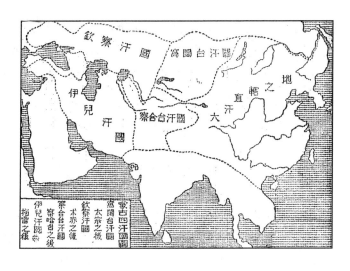

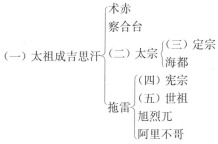

元 朝 的 衰 亡

元帝把国内分做"蒙古人"、"色目人"、"汉人"、"南人"四等，蒙古人是元朝同族，色目人是西域各地人，汉人是契丹、女真和中国北方人，南人是中国南方人。一切权利，都不平等，如各官署都要用蒙古人做长官，汉人、南人，只可做副贰。在路、府、州、县之上设立行省，以图控制。边陲和紧要的地方都封了藩王。黄河流域，都用蒙古兵和诸部族兵驻守。他们的用人，是功臣、亲戚的后裔，诸王、公主的私人，杂然并进。设官专详于户、工两部。他们优待喇嘛僧和西域商人,听其驰驿,要汉人供应。元世祖时,曾两次用兵于日本,又屡次发兵征安南,占城和缅甸丧师甚多。从世祖以后,继承之际,没一代不是争夺。这如何好治理中国呢?所以到一三三三年顺帝即位后,四方反抗的,就风起云涌了。

明太祖的恢复

元末革命军中,首先出兵北伐的,是颍州白莲教徒刘福通,可见白莲教传到后来,虽然渐失其意义,其初起,确是含有民族主义的。惜乎这时候,有个察罕帖木儿,起兵帮助元朝。察罕帖木儿死,其子库库帖木儿继之。刘福通北伐的兵,给他打败。然而顺帝荒淫,太子干涉,朝臣和军人,又分党相争,终于不能支持。明太祖朱元璋,是初从郭子兴起兵凤阳,后来别为一军,渡江据今南京以为根据地的。他先把湖北的陈友谅、苏州张士诚灭掉。其余诸雄,亦均慑服。一三六七年,乘元朝内乱,遣兵从河南、山东,分道北伐,两路兵会于德县,北扼直沽。明年,顺帝遂弃北平而去,元亡。

【习题】

(一)蒙古的根据地,在什么地方?

(二)金朝衰弱的原因如何?

(三)蒙古西征时,葱岭以西,有什么大国?

(四)蒙古西征的兵,西北打到何处?西南打到何处?

(五)蒙古对东、西、南三方,征服了些什么国?

(六)宋朝灭亡的事实如何?

(七)蒙古大帝国如何分裂?

（八）试列举元朝衰亡的原因。

（九）试述明太祖恢复中国的始末。

【参考】

　　本章可参看拙撰《白话本国史》第三篇下第二至第四章，及冯承钧《成吉思汗传》（商务印书馆本）。

第十九章　中国文化之西渐

铁 器 和 蚕 丝

中国文化的西渐,由来已久,据《汉书·西域传》上说:当时西域的人,本来不知道用铁的,还是中国人教导他。这事怕已在纪元之前了。到六世纪中叶,中国的蚕种,又由波斯人传到欧洲。当时波斯僧侣有布教于中国境内者,得到蚕卵,藏在空杖里,献给罗马帝君士坦丁,遂产出希腊的绢丝,大概是从天山南路的和阗传出的。后来西西里(Sicily)与东罗马战,得到很多希腊人做俘虏。逐渐把养蚕的法子,传入西西里,次第由此再传入意大利和法兰西诸国。

罗盘针火药印刷术

唐中叶以后,中国和大食的交通极其频繁,而西洋近代的三大发明,遂都经大食人之手,由中国传入欧洲。所谓三大发明,是罗盘针、火药、印刷术。欧洲和大食方面,关于罗盘针的记载,最早在十二三世纪间;中国则在公元一一一九年,朱彧著《萍洲可谈》,已经说广州的商人,能利用罗盘针航海了。朱彧的话,是得之于其父亲在广州,还在十一世纪之末。见桑原骘藏《唐宋元时代中西通商史》本文二《考证》三十一,页九二至九五(商务印书馆本)。火药,西洋发明的年代有两说:一说在公元一二四二年,一说在公元一三五四年顷。见一九二九年版《大英百科全书》。中国则在公元一〇四二年，宋朝曾公亮等奉敕所撰的《武经总要》，已载有火药的制法了。《武经总要》，商务印书馆《四库全书珍本》。此处所引，见卷十二页六十五。后来南宋与金人战于采石矶，虞允文以火药制为"霹雳炮"，这是中国用火药之始。而西洋战争用火药，尚在一三四〇年左右。至于印刷术，活字版实始于宋仁宗时代，明初已改用铜活字。欧洲人能利用，事在公元一四三八年，才知道用金属的活字。按《西史》所载，公元一四二三年有 Harlem 地方的人 Lawrence Johnson Coaster 创木版印刻。到一四三八年德人 Johann Gutenberg 始发明活字版，铸铜为字，后又经 Peter Sehöffer 改良活字铸造，遍行欧洲。较之我国先后相去，更不可以道里计。所以西人都承认，这三种事物，是从中国经大食人之手，传到西方去的。还有和印刷术有关的造纸，亦系由中国传往。据说：在第三世纪时代，就已传布到楼兰。据瑞典人斯文赫定最近西北考察所得的结果。当公元七五一年，玄宗天宝十年，唐镇将高仙芝因和大食争石国，今俄属塔什汗。战败于怛罗斯城，中有中国造纸工人，均被大食俘虏。大食人就利用他，在中亚、波斯、大食、埃及等处，先后设厂造纸。到十二世纪，就输入欧洲了。见向达《中外交通小史》第五章（商务印书馆本）。有了罗盘针，海船才能横绝大洋，以前离海岸不能甚远。这是欧洲人近代，足迹遍及全世界的原因。有了火药，才有近代的军机，战事的情形才大变，不但打倒封建政体，使欧洲支离破碎的局面，焕然改观，并可向外发展了。至于印刷术，则无论在研究学术，以及教育方面，关系都极重要。所以说：这三者，实在是西洋近代文明的根源。

马哥孛罗

　　元朝兴起以后，东西交通，格外兴盛，元朝的用人是不拘种族、

马哥孛罗

宗教的，所以西域人仕于其朝的很多。商人教士的往来，亦都很盛，其中最著名的，则有意大利的马哥孛罗，Marco Polo。可参看《中外交通小史》第八章，及张星烺《马哥孛罗》(商务印书馆本)。元世祖时，在中国做官，在中国前后共二十年。回去之后，著了一部《游记》，为欧洲人知道中国情形之始。

【习题】

（一）使用铁器的教导，对于西域人，该有多大益处？

（二）何谓三大发明？

（三）欧洲人知道中国情形，起于何时？

第二十章 明之内政与外交

成祖的北迁

明太祖勤于政事,又能厘定制度;治国的规模,亦颇弘远。惟私心过重,封建诸子四十余人,又因猜忌之故,开国功臣,尽遭杀戮。太祖太子早死,孙建文帝立,太祖子燕王棣,起兵北平,把南京攻陷,建文帝不知所终。燕王自立,是为成祖,迁都北平。

明初的武功

明朝的兵威,以成祖时为最盛,然边防的规模,实在也是成祖时坏掉的。元顺帝弃大都后,他的后裔,渐次退却到外蒙古,有好几代都遇弑,蒙古大汗统绪遂绝,继立的改称鞑靼可汗。此时鞑靼衰弱,而瓦剌和热河东北的兀良哈强盛,兀良哈,清朝译作乌梁海。都给成祖击破,吉、黑两省的女真,亦都服属,设立羁縻卫所。最远的奴儿干都司在黑龙江口,海中的库页岛,亦来朝贡。安南从宋太祖开宝元年,公元九六八年独立,成祖乘其内乱,把他灭掉,改设交趾布政使司,和内地一样。又遣郑和下西洋,航路直达非洲东岸,国威可谓极盛了。但成祖把大宁弃给兀良哈,宣宗时,开平卫遂因势孤内徙。开平,就是现在的多伦县。元始祖即位于此,建为上都。明初于此设卫,宣宗时内徙独石。大宁在今热河省赤峰、承德之间。安南则因官吏行政不善,宦官奉使的又暴横,叛乱不绝,宣宗遂亦放弃,其地重属中国,只有十九年。一四〇九至一四二七。

土 木 之 变

明朝的重用宦官,也是起于成祖时候的,而设"东厂",使司侦缉事务,贻害尤烈。宣宗死后,英宗年幼,宠信太监王振。瓦剌酋长也先入寇,王振挟帝亲征。至大同,知兵势不敌,还师,为敌兵追及于土木堡,在今察哈尔怀来县西。英宗北狩。幸得于谦,扶立其弟景帝,固守京城。也先攻城不克,侵边又不利,乃奉英宗回国。怨恨于谦的人,乘景帝卧病,以兵闯入宫中,奉英宗复位,是为"夺门之变",于谦被杀。

明中叶的内忧外患

英宗复位后,传子宪宗,政治都不见良好。宪宗死后,孝宗即位,较为清明。孝宗死,武宗继之,耽于游戏,始而信任太监刘瑾,听其专权妄为,后又宠幸武官江彬,引导他各处去游玩。人心震动,畿南盗起,宁王宸濠,又在江西造反,几至大乱。武宗死后,世宗继立。世宗在明朝皇帝中,驾驭宦官是最严的。然因相信神仙,怠于政事,一任宰相严嵩蒙蔽,国事遂至大坏。先是元太祖后裔达延汗,又统一蒙古,留其幼子居漠北,是为喀尔喀部,达延汗与其孙徙牧近长城附近,是为察哈尔部。其次子俺答居归化城,为土默特部。十六世纪中叶,俺答为边患最深。又从明初以来,就有所谓倭寇,因其时日本内乱不止,失败的武士和浪人,遂为寇于海外。明世宗时最为猖獗,沿海各省,大被其患。世宗殁,二传至神宗,年幼,宰相张居正当

明封秀吉诰命

国,政治颇见振作。倭寇亦被良将戚继光、俞大猷等剿平。其时俺答受喇嘛教感化,不复为边患,而察哈尔部转炽。居正用戚继光、李成梁以守蓟、辽,东北边亦得安静。然居正死后,神宗旋复怠荒,任用宦官,借开矿为名,到处骚扰索诈,又派他们到各省去做税使,穷乡僻壤,米盐琐屑无一得免。日本从开国以后,历代都和虾夷为敌。八世纪末,遂置征夷大将军,以守卫东北,后来政权遂入其手,是为幕府。屡起争夺,幕府的权柄,又旁落于手下的将士,各据封土,全国分裂。神宗时,丰臣秀吉起而把他打定。因念乱源终未尽绝,想把他们牺牲到国外去,就起兵侵朝鲜。朝鲜李氏,因承平既久,兵备废弛。日兵至,不能御,其王逃到义州。神宗发大兵去救援他,初战胜利,旋因轻进中伏致败。于是“封贡”议起,封秀吉为日本国王。秀吉不受,又发兵侵朝鲜。明兵和他相持,迄无胜算。直到秀吉死后,日本兵才退回。这一役,明朝损失无算。

【习题】

（一）明初为患的北族共有几族？再统一蒙古的是什么人？

（二）试参考地理书,作一篇《大宁、开平形势说》。

（三）何谓侦缉事务？

（四）汉、唐、明三朝，宦官之祸，孰为最烈？

（五）倭寇的起源为何？

【参考】

本章可参看日本箭内亘《兀良哈及鞑靼考》（陈捷译，商务印书馆本）。

第二十一章　明之衰亡与奋斗

神宗之怠荒

明神宗时，日兵退出朝鲜之后，建州酋长奴尔哈赤，早已起来，自称后金汗。神宗贪乐荒怠，有二十多年未坐过朝，每遇官职有缺，也不去补授，朝臣互相参劾，也置之不理，内政腐败已极，于是有三大案出来。

东林党及三大案

当时有朝臣顾宪成，在东林书院顾宪成是江苏无锡人，东林书院就在无锡。讲学，友朋很盛，时常议论朝政得失，批评执政贤否，时人称其徒为东林党。神宗晚年，有男子张差持梃入太子宫被获，东林党人说有人主使，谋危太子，非东林党人以为不过是疯汉，并无政治意义。这是所谓"梃击案"。神宗死后，子光宗继位，得疾，服宰相所荐医生的红丸，无效而死。东林党人以为是弑君，非东林党人以为与药无干。这是所谓"红丸案"。光宗死后，其子熹宗嗣位，光宗妾李选侍占住乾清宫，被东林党人勒令移出，非东林党以为不应上逼母妃。这是所谓"移宫案"。两党借这三大案为题，攻争不息。非东林党人和宦官魏忠贤相结，把东林党著名的人下狱拷死。直到熹宗死，其弟思宗继位，才治魏忠贤及其同党的罪，但国政已不堪设想了。

流　寇　之　祸

思宗在位年间，外则满洲格外猖獗，占据辽东，进犯京城。内则流寇大起，到处焚杀，流寇首领李自成破了京城，思宗自缢死。满洲乘机入山海关，逐去李自成，入北京称帝。

明 人 之 奋 斗

满洲入关后，明人奉福王即帝位于南京。满兵南下，屠扬州，杀督师史可法，史可法是河南祥符人，殉难后求尸不得，葬衣冠于扬州梅花岭。渡江入南京，虏福王北去。明人又立唐王于福州，同时明人又有奉鲁王称监国于绍兴，鲁、唐二王不睦，后唐王竟被满兵所杀。明人又立桂王于广东，竭力抵抗满兵，历十余年，西南诸地桂王为明末帝，年号永历，故亦称永历帝。他初立时，尚有两广云贵之地。尽失，逃奔缅甸，被缅人献出缢死。明将郑成功郑成功，福建南安人，唐王赐姓朱，时称为国姓爷。桂王封为延平郡王，授招讨大将军。仍坚守台湾，直到清康熙帝时，才把台湾郑氏灭掉。明室虽然已亡，这民族奋斗的精神，为前代所没有。

【习题】

（一）贪乐荒怠，是否为明朝衰亡的原因？

（二）东林党人的行为，是否可取？

（三）梃击、红丸、移宫三大案，值得争论么？

（四）若无流寇之祸，明朝可以不亡否？

（五）明人的奋斗，虽不能救亡，但对于将来，有无影响？

【参考】

　　本章可参考《历代通鉴辑览》第一百十二卷至一百二十卷，及萧一山《清代通史》上卷第十一、十二、十三、十四章。

第二十二章　中华民族的拓殖

中华民族近代的发展

中国民族，拓殖的能力，本来是很伟大的。尤其近代，对于东北和南方的拓殖，更为值得纪念的事情。

历 代 的 南 进

南洋一带，气候炎热，物产丰饶，本来是最适宜于拓殖的地方。中国人民，移殖其地，也由来很久了。据阿剌伯人的纪载：九四三

蒙古战舰

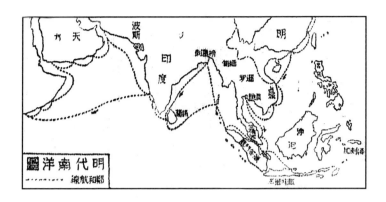

年顷，就有多数华人，在苏门答腊从事种植。大约是避黄巢之乱前去的。宋时，正南诸国，以三佛齐<small>三佛齐即今之淳淋邦(Palembang)，在苏门答腊东部，为其都会。南北朝称乾陀利，唐称室利佛逝，宋称三佛齐，明改称旧港。</small>为最强。东南诸国，以阇婆<small>阇婆即今之爪哇，唐宋均称阇婆，明概作爪哇，当系爪哇之讹。</small>为最强。而三佛齐已有中国文字，阇婆屋宇，亦和中国相同。可见华人移殖的，必已不少。元时称爪哇为新村，三佛齐为旧港。又可见华人移殖的次第了。

郑 和 的 出 使

中国历代政府，对于南方，都不甚注意，只有元、明两朝，是个例外。元世祖定中国后，遣使招致南洋诸国。因爪哇拒命，曾经用过一次兵，其事在一二九二年。明初交通外国，还承袭元代的规模。太监郑和，奉成祖之命，出使西洋。从一四〇五到一四三三年，前后奉使凡七次。郑和的出使，是带着水兵走的。所至加以宣谕，服从的赏赐金帛，不服的就威之以兵，曾经三擒番长。后来出使的人，没有一个不称道他的名字，以夸耀诸番的。

郑和出使船

明代南洋的拓殖

　　明代马来半岛、爪哇、苏门答腊、吕宋、满剌加、浡泥都有多数华人移殖，从事开发。如爪哇的新村，本来是荒凉之地，后来中国人流寓，聚集至千余家，遂成为富庶之区。诸番舶多往互市，又如马来半岛的锡矿，实在是华人发见的；其渔业，亦从华人移殖之后，才大形进步。现在半岛的锡矿，还有百分的六十四，属于华人；西岸的渔业，亦全在华人手中；可以为证。这都是指固定居民而经营农矿等事业的，其往来各岛间的商业操之于华人，那更不待论了。

华人在南洋的政治势力

　　当时华人在海外，握有政治势力的也很多。譬如梁道明在三佛齐,闽、粤军民,渡海从之者数千家,雄视一方。明成祖遣使招致,道明即随使来朝。以副头目施进卿代领其众。其时又有个陈祖仪,在旧港做头目,专劫往来客人。郑和遣人招谕,祖仪却潜谋袭击,进卿告知郑和,把他禽获,就在旧港设立宣慰司,用进卿为使;进卿死后,还传女施二姐;则中国竟在南洋施行土司制度了。此类在南洋有势力的华人还很多。西人东来以后,也还有能和他们奋斗的。

拓 殖 的 成 绩

综观华人拓殖的成绩,实可说在世界诸民族之上,不论寒冷和炎热的气候,我们都能耐得住,这一点,尤为特出。所以不论南进北进,成绩都是好的。现在虽因国力不足,暂居他人羁轭之下。然其他(地)的民族,既然多数是中国人,则论民族自决主义,其地的主权,自然应属之于我,这一点,是任何人不能不承认的,只要我国民,能毅为长期间的奋斗就是了。

【习题】

(一)中国近代拓殖的成迹,共有几方面?

(二)南洋一带,适宜于拓殖之点安在?

(三)怎见得中国人于炎热之外,还能兼耐寒冷的气候?

(四)中国在南洋一带拓殖势力,既然很强,为什么到现在反没有实力呢?

【参考】

本章根据刘继宣、束世澂《中华民族拓殖南洋史》(商务印书馆本)。又梁启超《郑和集》、《中国殖民八大伟人传》,亦可以供参考。

第二十三章　元明之文化与社会状况

元明时代的学术思想

　　元明时代的学术思想，是承宋朝而渐变的。理学本兴起于北方，然到南宋时北方反而绝迹了。元兵下湖北，得儒者赵复，北方的学者，多奉以为师。程朱之学，乃复行于北。直到十五六世纪间，王守仁出，而学风才一变。王守仁的宗旨，是以人心的灵明为"知"，这个知，是生来就有的，无待于学，所以谓之"良知"。良知是能觳知是知非的，只有昏蔽，不会丧失。人只要时时磨砺他，使他晶莹，遵照他的命令做就得了。这个便唤做"致良知"。这是何等简易直捷的方法。理学家的流弊，在于空疏；王学既行，更加以"猖狂妄行"之弊；人心就要穷而思返了。加以明朝末年，内政腐败，外敌凭陵；所以顾炎武、黄宗羲等大儒出，学风又有转变。顾先生做《日知录》，说："有亡国，有亡天下。国之兴亡，肉食者谋之；天下兴亡，匹夫之贱，与有责焉。"他所谓"国"，就是现在所谓王朝；所谓"天下"，就是所谓国家，这是给民

王守仁

族主义以何等的意识。黄先生《明夷
待访录》，对于君主政体，痛下攻击，
也是专制时代的人所不能言，不敢言
的。此外，他们关于根本问题的议论
还极多。而他们读书又极博，一洗前
此空疏之弊，又为清朝的考据学，导
其先路。

顾炎武

元明时代的文艺

文艺，大体也承宋人之风。其最
有特色的，是戏曲同平话。古代俳
优、歌舞、百戏，各为一事。优伶专以打诨、取笑为主。歌舞不演故
事。扮演只百戏中间有。南北朝以来，才渐有以扮演兼歌舞的，然
辞句和动作，仍不合所扮的人的身份。元朝的南北曲，才合三者为
一，造成现在的旧剧。宋朝人的说话，就是现在所谓说书，说书的
人，是各有其底本的；后来把这底本略加涂饰，就成为现在的平话。
现在通称为小说。然小说的名目，包括很广，平话只可算其中的一种。再进
一步，就可专为阅读而著作了。此等文字，从元明以后，日趋兴盛，
实为现代平民读物的大宗。

元明时代的社会阶级

元朝在中国时，民族间不平等的待遇颇多。其尤为暴虐的，则
是行军之际，以俘虏为奴婢。这本是很不合理的，而元朝诸将，还要
把降民诈称俘虏，汉人入奴籍的就更多。见赵翼《廿二史札记·元初诸

*将多掠人为私户》*条。直到明朝，此等蓄奴的风气，还不能免；而明时绅权特重，士大夫居乡的，都非常暴横，也是元时异族压制，遗留下来的恶习。

元时输入的宗教

元时外国的宗教，输入的也颇多。然最尊重的为喇嘛教，元世祖奉八思巴为帝师，为西藏宗教兴起之开始。但那时尚属红教，到明成祖时，宗喀巴创立黄教，传授达赖、班禅二喇嘛，青海、西藏、西康、蒙古，次第信从，遂有今日之盛了。基督教当元世祖时，许在北平设立教堂，但信他的也多是蒙古人，所以元亡而遂绝。只有回教在这时代，是呈相当的盛况，而元亡以后，亦还能保其相当的地位的。原来元朝所用的色目人，以西域人为最多，西域人大概是回教徒，他们多数和居住在天山南路的畏吾儿人同族，所以传播较为容易。他们的保守其宗教，又比别种教徒，来得坚固些。现在西北、西南，回族遍布，各地方亦都有回教信徒，实在是开始于元代的。

元明时代的社会经济

这时代的社会经济，是颇为可怜的。顾炎武*《日知录》*说："天下州之为唐旧治者，其城郭必皆宽广，街道必皆正直；廨舍之为唐旧创者，其基址必皆宏敞；宋以下所置，时弥近者制弥陋。"可见这时代，建设的大概情形，实在有些退化了。这一由于地方的款项，多提归中央；一由于北方遭外族长期占据的结果。武力的不竞，真是一件可怕的事呀！但是在这时代，也有一件事情，值得纪念的，那就是木棉之利的普及于全国。宋以前，木棉的种植，只限于交、广一带。宋末,才渐渐移殖到江南。有一个黄道婆,从崖州到松江,教人民以纺织之法,从此以后,木棉就衣被苍生了。山东运河的开成,也算这时代一件大事。

从宋到明币制的变迁

中国的币制自汉以前,本来金、铜并行,战国时已有用金的法子。譬如孟子之齐,齐馈兼金一百而不受,于宋馈七十镒而受,于薛馈五十镒而受。

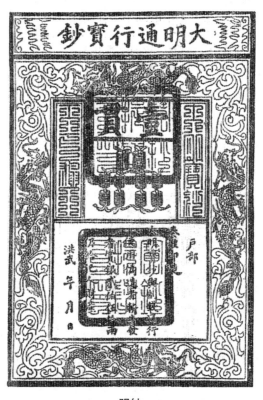

明钞

秦人散金行间以图六国,可为战国用金之证。后来秦并中国,制币为二,黄金以镒计,铜钱重半两。是为汉以前金铜并用之证。其时铜钱价贵,黄金除豪商、贵族外,人民是不很有的。后来贸易发达,铜钱增多,价格渐跌;黄金却因佛教输入,写经、塑像,销耗甚多,渐渐的减少了。乃于铜钱之外,兼用布帛。布帛是不能久藏的,且亦嫌其笨重,北宋时,四川乃发生纸币,谓之"交子",交子是货物交换媒介的意思。先是唐宪宗时代,已有一种"飞钱"制的发生。宋代官商,都感到旅行带多数的钱,累重不便,私自为券,是为"交子"。由富人主持其事,担任兑现。行之久,富人穷了,付不出现来,争讼繁兴,乃改由公家发行。宋、金、元、明四代都用他。宋人谓之"交子"、"会子"、"关子",金、元、明都称"钞"。因历代都不免于滥发,价格都跌落到不能维持,明朝宣宗时候,就把他收回烧毁,不再行用了。纸币既跌到不能行使,铜钱又已绝迹,人民乃不得已而用银。其事起于金朝末年,事在金哀宗正大年间。正大,自公元一二二四至一二三一。银的初起,是因铜钱被纸币驱逐净尽,用来代铜钱,以便小额交换的;不是因铜钱价格大低,而兼用银子的。到明朝废钞票后,就赋税也渐次收银了,然只是用私量的法子行使,始终没有铸造。和铜钱,亦听其各以本身的价格涨落,始终没有厘定主辅的关系或比价。

【习题】

(一)王守仁为什么和陆九渊并称为陆、王?

(二)理学家为什么会有空疏之弊?王学为什么会有"猖狂妄行"之弊?

(三)试解释顾炎武"天下兴亡,匹夫有责"这话的意思。试翻阅《明夷待访录·原君》、《原臣》两篇,察其大意何在。

(四)现在的旧剧,其中包含几种艺术?

（五）现在的平话，是如何进化来的？

（六）战争和奴隶制度，有怎样的关系？

（七）现在回教遍布西北、西南，起于何时？

（八）为什么各州县的建筑物的好坏，可以看得出社会的经济状况？

（九）木棉普及全国，有何等利益？

（十）假使宋、金、元、明四代，管理得宜，中国能早进于使用纸币否？

【参考】

本章可参看钱穆《王守仁》，谢国桢《顾宁人学谱》、《黄梨州学谱》，日本箭内亘《元代蒙汉色目待遇考》（陈捷、陈清泉译），均商务印书馆本。

第二十四章　本期结论

本期的民族斗争

从秦始皇统一起,到明末止,为时约近二千年。这二千年中,我国独立为东亚的一个大国;四周诸国,文化程度,皆出我之下;此种情势,始终没有变更。国际上最剧烈的,就是对北族的民族斗争,我国盛强时,则能把他们征服;衰乱时,就不免反受其害;如汉之后有五胡,隋、唐之后有辽、金、元是。

本 期 的 文 化

文化:在本期中,也大有变迁。第一步,是诸子百家之学,均居次要,而儒家处于独尊的地位。第二步,是印度哲学输入,在思想界占重要的地位。第三步,便是儒、释思想调和,而发生一种新哲学了。以宗教论:则固有的崇拜对象,集合而成道教,和专讲人伦日用的儒教,出世的佛教,鼎峙而称三教。其余外国的宗教,输入的也还不少,但不占重要的位置。

本期的经济和社会组织

论经济状况,在本期之中,商业资本,始终是最活跃的。因为从统一以后,各地方的联结,已经密切,各地方的人,已经非互相倚赖不能生存了。虽然偏僻之处,保存其自给自足的状况的,也不是没有,然在全国中,是不占重要的地位的。从商业资本再进一步,就可达到工业资本了,然必销路畅旺,工价高昂,感到人力的不足,才会想到利用机器。中国幅员广大,而劳力低廉,只要扩充销路,就有利可图了。正不必要想到节省劳力,以谋减轻成本,所以几千年来,大家不向使用机器上着想;即有聪明的人,偶尔想到,也不会被利用,而不久就失传了。这是中国人不能进于工业资本的原因。社会组织,当封建制度初崩溃时,人心上还觉得很不惯,要想回复他。经过王莽的扰乱,也就无人再敢提及,习而安之了。

本 期 的 政 治

本期的政治,始终是采取放任主义的,所以一切事情,不免废弛,这也有个不得已的原因:因为国太大了,人民参与政治,其势无从实行,中国民权遗迹,都在古代;后世国家扩大之后,就没有了。这并非理论上以为不该有,只是限于事实,无从行使。政府监督之力,有所不及。多所兴作,往往反致民累,结果酿成政治上的一种"惰性"。既集大权于君主一身,其势不得不图控制之便,于是治民之官日少,治官之官日多,顾炎武语,见《日知录》。如地方自治废弛;汉于郡县之上,又加州牧,元于路府之上,再加行省都是。尤以乱世为甚,一个控制不住,就成尾大不掉之势,如后汉和唐代的末年就是。这个唤做"外重"。然反之,中央政府的权力太大,没有人能裁制他,则淫昏之君,甚至于奸佞之臣,以及宦官女谒等,又皆能为所欲为,民被其毒。总而言之:专制君主,本不是良好的政体,这二千年来,政治上的受其弊,也可以说是很深了。

【习题】

（一）试将本期中各重要的民族，列为一表。

（二）儒、释、道三教，何以能同时并行，不相冲突？他们是否各有其所占的领域？他们宗旨相同之处为何？

（三）为什么各地方的人，生活互相倚赖，商业就要兴盛？有无别种方法，可以替代商业？

（四）中国的政治，为什么要取放任主义？放任主义，有好处否？现在如要改行干涉主义，如何才可免去流弊？

（五）何谓外重、内重？拿一二件事实证明。

更新初级中学教科书
本国史 第三册

第三册进度表

第一星期	第二星期	第三星期	第四星期
（近世史）第一章 新航路的发见 中西相互的关系	第二章 清朝的起原 明朝的战争 清朝的入关	第三章 清初的政治	（又） 西南诸国的平定 第四章 满蒙的同化
（又） 教士的东来 科学的输入	（又） 明朝的灭亡 三藩的灭亡 台湾郑氏	（又） 蒙回藏的平定	（又） 回藏的开拓 西南的开拓

第五星期	第六星期	第七星期	第八星期
第五章 中俄交涉 广东通商交涉	第六章 鸦片的输入 林则徐的禁烟 中英的开战	第七章 民族主义的流传（勃兴） 太平军的起事 太平天国的兴亡	第八章 广东交涉的纠纷 英法联军的东来 天津北京条约
（又） 传教的情形 清中叶的内政	（又） 南京条约 南京条约的善后	（又） 北方的捻乱 西北西南的回乱	（又） 中俄画（划）界交涉 中俄伊犁交涉

续　表

第九星期	第十星期	第十一星期	第十二星期
第九章 越南衰乱 中法战争和 越南的丧失 （又）缅甸和暹罗 的丧失 哲孟雄不丹 的丧失 西南的危机	第十章 朝鲜日本的 盛衰 中日初鲜的 交涉 日本的觊觎 朝鲜 中日战争 （又）马关条约 中日战后外 力的压迫	第十一章 新机（维新） 的渐起（酝酿） 咸同光的朝 局 （又）戊戌维新及 政变 政变后的情 形 第十二章 义和团的起 源（原）	第十三章 俄国占据东 三省 日俄战争 日俄和议 （又）义和团的扰 乱及联军入京 东南的互保 和东三省失陷 辛丑和约 乱后的形势

第十三星期	第十四星期	第十五星期	第十六星期
（又）日俄战后东 北的形势 中国的移民	第十四章 清代的官制 （又）清代的选举 清代的兵制 清代的刑法	第十五章 学风的转变 清代的考据学 清代的义理 辞章之学 （又）清代的赋税 清代的弊政 清末的 运动	第十六章 清代的社会 状况 第十六章 闭关时代的 （之）经济状况 （又）五口通商后 的经济状况 清末的经济 状况 第十七章 环境的变动 适应的困难

第三编　近世史

第一章　中西交通之渐盛与西学之输入

新航路的发见

从蒙古西征以后，土耳其人被迫立国于小亚细亚，后来渐次强盛，侵入欧洲。至十五世纪，而地中海东岸，和黑海沿岸之地，尽为所据，对于欧人东行的，异常苛税为难。欧人乃想另找一条路，以达东方。其结果，就有两条新航路发见。新航路发见以后，葡萄牙人首先东来，一五一六年到广东。至一五三五年，遂租得澳门为根据地。西班牙、荷兰、英吉利等，相继东来。向中国通商，都受葡人阻碍。西班牙人乃占据菲律宾，开辟马尼剌；荷人则占据苏门答腊、爪哇、满剌加、台湾；南洋非复郑和航行时的南洋了。英国和法国，在印度竞争，而英人较为得势。

中西相互的关系

近代中西相互的关系，和中古时代不同。中古时代，往来的不

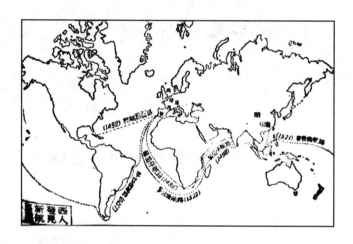

过商人；国家除偶通使命外，无甚深切的关系。近代则不然，西洋各国，都要尽力向海外发展了。中国对于远方人，素取怀柔主义。通商为两利之事，向为历代所欢迎。惟（一）西人航海的，都是冒险的青年，未免有不规则的举动。（二）又中国历代，对于海寇，都是疑忌的。明朝人经过倭寇之患，疑忌更甚。西人船坚炮利，《明史·外国传》说荷兰"所恃，惟巨舟大炮，舟长三十丈，广六丈"，炮有铜有铁，巨铁炮长二丈，"发之可洞裂石城，震数十里，世所称'红夷炮'即其制也"。案中国初得到的炮，叫"佛郎机"，后来所得的叫"红夷"。清朝的时候讳"夷"字，改称为"红衣"，并封他为"红衣大将军"；"佛郎机"是中国人称葡萄牙、西班牙人之辞。称荷兰为"红夷"，亦曰"红毛番"。也足以引起华人戒惧之心。（三）加以宗教的传播有些格不相入，中西相互之间，就未免形成隔阂了。

教 士 的 东 来

基督教传布于中国，唐、元时代，即已有之，但对中国社会，没有发生什么深切的影响。近代西洋宗教改革，旧教在欧陆，渐次失势，想传播于海外。西人东来的时候，就有教士跟着同来。教士中首先到中国的利玛窦，Matteo Ricci。事在一五八〇年。他先到广东肇庆，学习华文、华语，改着华装。然后到韶州，设立天主堂，继到南京，后往北京广结当时的士大夫。并向神宗献方物。神宗许其在北京建立天主堂。时在一六〇〇年。士大夫很多和他往来，然亦有攻击他的。至一六一〇年，遂遭禁止，教士都逐回澳门。直到满明启衅，明朝需用大炮，召他们监制，教禁才无形解除。

徐光启　利玛窦

科 学 的 输 入

近代西人的发明，足以补我们之所不及的，是科学，所以科学的输入，实在是一件大事。科学，最初是由教士之手输入的。中国人也很欢迎他，初期精通西学的人，如徐光启、李之藻等，他们的相信西教，自然还是因科学引起的。科学首先被中国人采用的，为天文、历法、地理、数学、炮术、医学等，汤若望东来后，Johnnes Adam Schall von Bell。徐光启便荐他参与修历的事。到明朝末年才修成。未及颁行，而清朝人入关。汤若望上书自陈。清朝就用其所定的历法，谓之时宪历。汤若望亦被任为钦天监监正。清世祖死后，习旧历法的杨光先，上书攻击。汤若望等一时得罪。但到后来，毕竟因旧历法的不准，仍黜杨光先而用南怀仁。Ferdinandus Verbiest。清圣祖是最留心于格物之学的。他所任用的西教士亦很多。但是，这时候中国人对于科学，究竟还未能认识其真价值。所以杨光先攻击西教士，就说"其制器精者，其兵械亦精"，疑心他的将来要成大患，就是清圣祖，也说："千百年后，中国必受西洋各国之害。"杨光先的话，见其所著的《不得已书》。清圣祖的话，见其御制《文集》，后来同治年间，反对新法的大学士倭仁奏议中曾引之。当时各种科学书，差不多都有译著，但不受人注意。可见当时对于科学，还只知道应用一方面，而没有知道他的真价值啊！

【习题】

（一）近代新航路的发现，其动机在那里？对于中国有什么影响？

（二）近代中西互相疑忌的根原安在？

（三）为什么制炮和历法容易被中国人采用？

【参考】

本章可参看刘麟生《哥伦布》，刘虎如《麦哲伦》，德礼贤《中国天主教传教史》，均商务印书馆本。

第二章　清代之勃兴

清朝的起原

清朝的祖宗，就是明朝的建州卫指挥使，名猛哥帖木儿，清朝人自己说："他的祖宗，是天女吞朱果而生，姓爱新觉罗，名布库里雍顺。"这全是

努尔哈赤

有意造作的话，不足为据。地在朝鲜会宁府河谷，后为七姓野人所杀。子董山，弟凡察，分为左、右二卫，迁居佟家江流域。董山因桀骜，为明所诛戮，于是左卫衰而右卫强。明李成梁守辽东时，右卫酋长阿台背叛。满洲部人尼堪外兰，引李成梁的兵，把他围困，阿台是左卫酋长叫场的孙婿，他失的女婿。叫场，《清实录》作觉昌安，追谥景祖。他失，《清实录》作塔克世，追谥显祖。叫场、他失入城，劝他投降，阿台不听。城破，叫场、他失亦被杀。他失的儿子，便是清太祖努尔哈赤。向明朝呼冤，明朝仍给以官职。此时努尔哈赤势甚微弱。后来

$$海西卫——扈伦部$$

建州卫 $\begin{cases} 满洲部 \\ 长白山部 \end{cases}$

$$野人卫——东海部$$

渐次强盛，灭掉尼堪外兰，征服满洲和长白山两部，并俘掠东海部，以增加人众，遂犯扈伦，灭哈达。哈达、叶赫是明人称为"南关"与"北关"的。哈达即亡，明人乃遣兵助守叶赫。

明 朝 的 战 争

一六一六年，努尔哈赤叛明，明人派大兵二十万，分四路东征，三路皆败，清兵遂灭叶赫。进陷辽、沈，清太祖从新宾清时称兴京。迁都到辽阳，又迁都沈阳。明朝因调度乖方，辽西又多残破，拟尽撤

守备入关,而袁崇焕誓以死守宁远,清太祖攻之,大败,受伤而死。太宗立,先征服朝鲜,回兵攻宁远、锦州又大败,太宗乃击破察哈尔部,从喜峰口入寇。袁崇焕亦发兵入援,明思宗中太宗反间之计,把袁崇焕杀掉,锦州遂不能守。然山海关仍迄(屹)然为重镇,清兵虽从长城各口深入,蹂躏河北、山东,到底不敢久留。

清 朝 的 入 关

明朝的流寇,起于一六二八年,因剿办不得其法,到处入关流窜,遂成不可收拾之势。后来分为两大股:张献忠入川;李自成在陕西僭位,东陷山西,分兵犯北京,思宗自缢而死,时为一六四四年。先一年,清太宗亦死了,子世祖立,年方六岁。叔父多尔衮摄政,闻北京危急,勒兵于关外以伺隙,恰有守将吴三桂,因李自成掠其爱妾,开关降清,清人和他合兵,把李自成打败。自成逃回陕西,清世祖遂入北京。

明 朝 的 灭 亡

明人立福王于南京,荒淫无度,朝臣还要互争党见,诸将又不和。清兵攻陕西,李自成走死湖北,清兵遂移攻江南,扬州失陷,督师史可法殉国。福王北狩,清兵直打到杭州,乃北归。清朝初入关时,不意中国的抵抗力,如此薄弱,所发檄文,还承认福王的自立,虽下剃发之令,亦旋即取消。至此,乃又下令强迫剃发易服,以摧挫中国人的民族性,人心大愤,江南民兵蜂起,然不久即失败。清兵进陷闽、浙,明朝在宁波监国的鲁王,逃走舟山,后来舟山失陷,乃到厦门依郑成功。在福州正位的唐王殉国,清兵遂陷广东。明人又立桂王于

史可法

广西。清朝又遣吴三桂入川,张献忠败死。然川南、川东,都附明桂王。李自成余党在湖南,亦受招抚,助明抗清,江西、广东,亦都反正,合云南、贵州共有七省之地,但残破之余,到底敌不过新兴的气焰。至一六五一年,各地相继失陷,桂王穷居南宁,遣使到贵州,求助于张献忠余党孙可望,可望遣李定国等分路出兵,杀败吴三桂,恢复四川,并攻破桂林,把明将降清的孔有德诛戮。清朝对西南,兵力本不毅进取,这时候,颇想维持现状,而桂王因孙可望跋扈,求助于李定国,定国派人迎王入滇,可望攻之,大败,转而降清。明降臣洪承畴守湖南,因请清兵大举。李定国力战不胜,乃奉桂王入缅甸,吴三桂又发大兵出边胁迫,缅人乃奉桂王入三桂军,为其所害,时在一六六二年,明朝至此灭亡。

三 藩 的 灭 亡

　　明朝既灭亡,清朝乃封降将三人,以守南方之地,是为"三藩"。一六七三年,因撤藩令下,吴三桂首先举兵。耿、尚二藩,亦都响应。贵州、广西、四川、湖南,先后陷落。声势颇张,然三桂年老,不能用弃滇北上之计,徒和清兵相持于湖南、江西,兵势遂渐促。耿、尚二藩,又转而降清,三桂死后,其孙遂于一六八一年,为清所灭。

```
       ┌云南  平西王  吴三桂
三藩 ┤ 广东  平南王  尚可喜——之信
       └福建  靖南王  耿仲明——继茂——精忠
```

台 湾 郑 氏

然而天南片土，还保存着汉族的衣冠，这便是台湾郑氏。先是清兵破福建，实由明朝叛臣郑芝龙，暗中输款，芝龙的儿子郑成功独不肯，据金门、厦门，和清朝相抗。清攻桂王时，成功大举入长江直薄南京，因势孤退出，旋从荷兰人手里，夺取台湾，以为根据地。成功死后，子经继立。三藩平后，清朝颇想同他讲和，而郑氏的降将不肯。郑经卒后，国有内乱，一六八三年，遂为清人所灭。

郑成功

【习题】

（一）清朝和金朝，是不是同族？

（二）清朝初甚微弱，明朝对付他失策在那里？

（三）山海关的形势如何？

（四）若无吴三桂等一班降将效劳，清朝能否占据中国？

（五）前代汉族失败时，都据长江流域，和异族相抗，何以近代独能根据西南？西南逐渐与大局有关系的原因何在？

（六）台湾之地，亦足以自立一国否？

【参考】

本章可参看孟森《清朝前纪》（商务印书馆本）。日本稻叶君山《清朝全史》述清初的地方，亦可参看（但焘译，中华书局本）。

第三章　清初之政治及武功

清初的政治

　　清朝初入关时，屠杀是很利害的。圈占民地，以给旗人，贻害亦很烈。但其政治，确较明末为整饬。圣祖在位岁久，勤于政事。世宗虽然残忍，亦颇严明，与民休养生息，便又现出富庶的景象了。高

清圣祖

宗虽然奢侈，表面上也还能维持着这个盛况，所以从一六八一年三藩平定起，到一七九五，即乾隆的末年，总算是清朝的治世。清初，汉人虽因流寇的骚扰，军人的专擅作长，精疲力尽，不得不屈服于异族羁轭之下，然而反抗的心理，总是不能没有的。但满族为收拾人心起见，亦颇知用牢笼政策以为缓和。所以圣祖、高宗时，曾两开博学鸿词科；又网罗儒臣，编纂书籍。

编纂书籍以圣祖、高宗时为最多，圣祖时之《古今图书集成》一万卷，高宗时之《四库全书》三万六千余册，尤为最大编著。文字之狱，如圣祖时，庄廷钺《明史》案，戴名世《南山集》案，皆至灭家。世宗、高宗时，因诗文字句有毁谤嫌疑而起大狱者更众。余见下章。一面又大兴文字之狱，把明人著述，涉及满洲事实的，都加以销毁，以摧挫士气。禁止满、汉通婚，满人不得

学汉人风俗。满兵驻防各省的,亦和汉人分城而居;并把满、蒙封锁起来,不许汉人移殖。这许多,都是金、元人所想不到,而亦不敢行的。

蒙回藏的平定

清朝的武功,是颇有可观的。这也并不是满洲人有什么力量,还不过是利用中国的国力罢了。清朝当入关前,漠南蒙古,即已为其所征服。漠北蒙古,则不过每年送他一匹白驼,八匹白马,_{清朝谓}之"九白之贡"。还无甚深切的关系。此时蒙古信喇嘛教,已渐流于弱;而天山北路的卫拉特渐强。

$$\text{卫拉特}\begin{cases}\text{和硕特(迪化)}\\\text{准噶尔(伊犁)}\\\text{杜尔伯特(塔城)}\\\text{土尔扈特(额尔齐斯河)}\end{cases}$$

西藏人所信的喇嘛教,系唐中叶后,由印度传入的。其后专炫幻术,颇多流弊。十五世纪,宗喀巴生于西宁,乃改良教义,另创新派。他的信徒,都着黄衣冠,和旧派的红衣冠区别。世因称旧派为红教,新派为黄教。黄教推行日广,至十六世纪中,遂普及青海和蒙古。其时俺答征服青海,留两个儿子据守。他这两个儿子,先相信了喇嘛教,因而感化到俺答。黄教教规,不许娶妻。教中尊宿,都以呼毕勒罕再生的意思。据他们说:教中的尊宿,来去都可以自由,死前即预知将来托生何所的。可以依着他的指示,去找这地方新生的孩子。找到了,用种种方法试他,决定他是再来人,就把他迎接回去,施以特别的教养;达到一定年龄,就可以承袭其地位和职务。如其没有豫示托生之所,也有用占卜的方法决定的。主持教务。宗喀巴两大弟子达赖和班禅,都住在拉萨;其第三大弟子哲卜尊丹巴,则住居库伦;而后藏拉达克的藏巴汗,仍为红教护

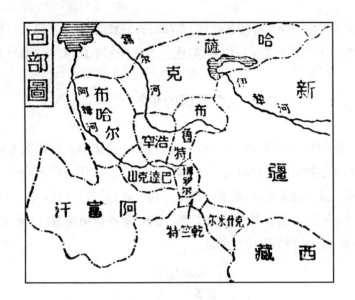

回部图

清代疆域极盛图

法。十七世纪中，西藏第巴桑结，第巴，官名，达赖喇嘛只管教务，政务是另行设官管理的，第巴即其中之一。招和硕特固始汗入藏，攻杀藏巴汗，奉班禅居日喀则，固始汗留子达延汗在西藏，而自己徙牧青海。桑结又招准噶尔噶尔丹入藏，把达延汗攻杀。于是准噶尔统一四卫拉特，势大张，遂徙牧阿尔泰山，突发兵袭外蒙古，喀尔喀三汗，外蒙喀尔喀，有汗号的，共有三人：一土谢图汗，一车臣汗，一扎萨克图汗。清世宗时，扎萨克图汗所属郡王策凌，曾自练精兵，把准噶尔打败。清朝乃使之独立，是为三音诺颜汗。喀尔喀自此以后，就有四汗了。都复走漠南，时在一六八九年。清圣祖为之出兵，击破准噶尔，噶尔丹因旧地为其兄子所据，穷蹙自杀，喀尔喀还治漠北。圣祖死，和硕特谋叛，亦给世宗打平。高宗时，准部内乱，又乘机把他征服。天山南路，从元朝以来回教盛行，回教教主后裔，居于喀什噶尔，甚得人民尊信。准噶尔强时，曾将其酋长兄弟两人，拘质于伊犁，清平准部后放归。二人却据天山南路，和清朝相抗，又给高宗打平，时为一七五九年。于是葱岭以西诸回部，亦都来朝，是为清朝武功最盛之世。

西南诸国的平定

安南从脱离中国自立后，南并占城，国势颇盛。其西邻的暹与罗斛，则明初合并为一国，受封于中国，为暹罗国王。更西，在半岛的西部，元、明两代，还大都是中国的土司。其后中国实力不能及，而缅甸及自立为国。十八世纪后半，缅甸强盛，吞并暹罗，又侵犯云南，清高宗出兵讨伐，不胜。安南当明末，其王黎氏，曾为其臣莫氏所篡，后借其臣郑氏、阮氏之力，才得复国，而颇薄待阮氏，阮氏遂南据顺化形同独立。这时候，阮氏又为西山的阮文迪（岳）所灭，是为新阮。并灭黎氏，清高宗讨伐新阮，亦不得利。然两国都怕清朝再出兵。华人郑昭,流寓暹罗,曾做过暹罗的官。暹罗亡时,郑昭罢职在家,后来亦起兵恢复暹罗,将缅甸驱逐。缅甸又怕他和中国夹攻,亦都请和朝贡于清。西藏边外的廓尔喀,曾举兵犯藏,给清朝打败。哲孟雄、不丹,则本是西藏的属部,这三国亦都来朝贡。清朝的疆域,就和汉、唐相颉颃了。

【习题】

（一）前代蒙藏,本来没有什么关系的,到近代为什么关系甚密?

（二）试述清朝平定蒙、回、藏的始末。

（三）近代后印度半岛,有几个大国?

（四）西藏边外,属于中国的三个国,叫什么名字?

【参考】

本章可参看拙撰《白话本国史》第四编上第六章,李翊灼《西藏佛教史》(中华书局本),冯承钧《史地丛考续编·越南历朝世系》,王又申译《暹罗现代史》(均商务印书馆本)。

第四章　中华民族之扩大

满　蒙　的　同　化

　　中华民族的扩大，本已不止一次，而到近代，则其成绩尤为显著。其在北方，因蒙古受了喇嘛教的感化，满洲人又入据中原，三百年来，北境均平安无事，遂成为拓殖的好机会。清朝对于汉人，猜忌是很深的，山海关以外，都不许汉人移殖；即蒙古亦然。清朝的奉天将军，每到年终，要奏报本年并无汉人私行出关，直到光绪年间，还是如此。真可发一大噱。蒙古从前汉人前往经商，是要领有票据的；居住不准满一年，且不许在蒙古造屋。然此等无谓的禁令，敌不过汉人自然膨胀的力量。所以从清朝入关后，山东人民，渡海前往东三省的，依旧不少。从海口沿官道深入，渐次分布于内地。就是因犯罪遣戍到黑龙江的人，也有在那里成家立业的。咸、同乱后，汉人更出长城，移殖到蒙古东部，又由此而入吉、黑。清朝明知禁令之无益，亦就默认其解除。而此时外患渐亟，并觉得东三省有充实的必要，就更有官自开放，招人前往垦殖的事情了。辽东西久为中国郡县；就吉、黑两省，也很适宜于农耕；所以这三省，拓殖的成绩，最为优良。满语、满文几于不复存在。一切风俗，亦和内地无异。据最近的调查，三省的居民，十五分的十四，都是汉人。这都是前人辛苦经营的成绩呀！次之就要算内蒙了。

回藏的开拓

新疆方面,汉人移殖的较少;西藏、青海更少。然这两方面,靠了宗教的力量,实在同化了许多复杂的民族。回族在现在,只是一个宗教上的名词。所谓汉回,除信仰回教以外,其余一切,与汉人无异。就是别种民族,如缠回等,亦因其信仰回教,而风俗渐趋于同一了。青藏方面亦然,以该地方地势的崎岖、民族的复杂,非借喇嘛教的力量,断不能像现在的大略趋于　致的。西洋各国因争教而致分裂,我们则信仰自由,各种宗教,互相尊重,因此而收到团结联合的效果,这真是民族的"度量相越"了。

西 南 的 开 拓

西南方面,历代的开拓,亦是到近代才竟其全功的。湖南和贵州的东部,属于洞庭流系,为苗族的根据地。其中惟湘江流域,开拓最早。澧、沅、资三水流域,则是从隋唐到清朝,逐渐开辟的。贵州于一四一三年列为布政司,明成祖永乐十一年。其东南部的苗疆,则到清朝雍正年间强制执行"改土归流"的政策"改土归流",为雍正四年云南巡抚兼总督鄂尔泰奏请用此策以平苗疆。所谓改土归流,就是改土司为流官的意思。才算成功。广西一省,明代用兵最多。雍正改流时,开辟亦不少。云南当明时,还全省都是土官,就正印是流官,亦必以土官为之副。后来逐渐改流,亦是到清朝雍正年间大定的。四川西北境的大小金川,清乾隆时,抗命最烈。前后用兵五年,糜饷七千万,然后平定。一时虽然劳费,却也获长治久安之功。总而言之:西南一带,现在只是地利有待于开辟,以民族论,可说是没有问题了。

【习题】

（一）政治上的禁令，为什么抑不住民族的自然膨胀？

（二）汉族近代，对于同化异民族，在那一方面，成绩最为优良？其原因安在？

（三）宗教能使民族分裂，亦能使民族联合，试举其例。

（四）西南的开拓，为什么成功较迟？

【参考】

本章可参看拙撰《白话本国史》第四编下第四章第四节，及《中国民族演进史》第七至第十章（亚细亚书局本）。

第五章　清初之外交与中叶之政治

中 俄 交 涉

西人的东来，远在明朝中叶，其时除广东一隅外，以全国论，可谓不曾受到什么影响，到清朝就不然了。最初在国交上发生关系的，就要数到中、俄的划界交涉。蒙古西征以后，俄人本隶属于其所分封的钦察汗。到十五世纪，俄人渐强，而钦察汗后裔，互相争斗，俄人遂脱蒙古羁绊而自立。其时可萨克族，Kossack 即哈萨克（Kazak）的音讹，此种人自亚入欧，住在俄罗斯南部草原。归附俄人，替他向东侵略西伯利亚。清朝入关时，俄人的远征队，已达到黑龙江边。在江外造了尼布楚、雅克萨两城。此等远征队，专事剽掠，黑龙江流域的居民大为不安。清圣祖屡次致书俄将，请其约束，都无效。一六八五年，乃命黑龙江都统出兵，攻毁雅克萨城。俄人又修理驻守，清兵亦再进兵围攻。会圣祖前托荷兰商人致书俄皇，此时得其覆书，请先解围，然后两国各派使臣，会商疆界。圣祖乃将围兵撤退，公元一六八九年，两国使臣，相会于尼布楚，中国使臣为索额图，俄使为费耀多罗（Feodor A. Golovin）。俄人要求划黑龙江为界，中国则要求以外兴安岭为界。彼此相持，势将决裂，此时俄人在东方的兵力，还不彀和中国为敌。俄使护从的兵，也较中国使臣为单薄。乃照中国的意思，西以额尔古讷河，东自格尔必齐河以东，以外兴安岭为界。岭南诸川，流入黑龙江的，都属中国，是为《尼布楚条约》。约定后，在北京设俄罗斯馆,许俄国派学生到中国来,学习满、汉文字,后又许俄商三年到北京贸易一次,免其税项。《尼布楚条约》定后未几,而准噶尔之事起,外蒙全归向中国,于是又发生蒙俄界务问题。此事于公元一七二七年,订《恰克图条约》解决。自沙宾达巴哈以东,都行订定。就是现在的蒙、俄疆界。中、俄界约,惟这一段,订定后没有变动。以恰克图为通商地点。到高宗时,就停北京贸易,专在恰克图。

广东通商交涉

广东方面的通商,中国人认澳门为各国居留之地,而事实上,为葡人所把持,各国都感不便,而以英国为尤甚。台湾郑氏灭亡后,清朝曾开四处海口通商,然事实上,各国贸易,皆在广州。此时广东的对外贸易,为公行所专,外人颇受剥削,公行,亦称洋行(其时的洋行,是由华人设立的。五口通商以后,才由外人设立而雇用中国人做买办),和内地的牙行一般,因与外洋商人往来,故称洋行,最著的为十三洋行。当时外商营业的居所,名为商馆(Factory),限定只得与公行交易,税项由他估定,还有官吏所收的"规礼",公行所抽的"行用",亦要一并加上。行用初时颇轻,后来逐渐加重到好几倍。英人住在广州商馆里,受种种的拘束,尤不自由。如不准携眷;不准坐轿;出外游玩,限于逢三、八日等。英人乃于公元一七九二、一八一六两年,两次派遣使臣到中国来,要求改良通商章程,都不得结果。公元一七九二年,英使为马甘尼(Earl of Macartney,近译亦作马戛尔尼)。公元一八一六年所派为阿姆哈司(Amherst)。前一次,适值高宗八旬万寿,中国人强指其为祝寿来的,赏以礼物筵宴,于其所要求的事,则赐给英吉利国王敕谕两道,一概驳斥不准。后一次因国书衣装落后,仁宗召见,英使以疾辞,仁宗疑其傲慢,将其押解回广东。先是英国在中国的贸易,亦为东印度公司所专。公元一八三四年,乃将其专利权取消。公司的代理人,中国谓之"大班"，英国派贸易监督官前来，中国官吏，仍当他是大班，不肯和他平等交际，后来英人又改派义律为领事，Captain Elliot，此为甲必丹义律。后来鸦片战争时，合伯麦（Bremed）统兵前来的，为加至义律，近译亦作为乔治义律（George Elliot）。和中国交涉，亦不得要领，义律乃报告本国政府，说要得中国平等待遇，非用兵力不可，两国的战机，就潜伏了。

一八六五年清朝所开四海口

粤海关	澳　门
闽海关	漳　州
浙海关	宁　波
江海关	云台山

传 教 的 情 形

利玛窦等初来传教时，一切顺从中国的风俗，拜孔子，拜祖宗，都在所不禁，他们的解释说："中国人拜孔子，是敬仰其人格；拜祖宗，是报恩的意思；都没有求福免祸之见，不能算崇拜偶像。"后来别派教士，有向教皇攻击他的。教皇遣使到中国来禁止。清圣祖大怒 ，将其使逐归澳门，命葡萄牙人拘禁。教皇所派使 Tournon，旧译作多罗，新译作铎罗。被葡人监察甚严，忧愤而死。然教皇仍不肯将其禁令取消，于是在华传教的教士不能再容忍中国人的风俗，彼此隔碍就渐深。到一七一七年，清朝就禁止天主教传布。教士除在京效力的外，一概逐归澳门。后因澳门地小不能容，许居广州天主堂，而禁止出外行走。各地方的天主堂，都改为公廨。

清中叶的内政

清朝的势力，在表面上，到乾隆时为极盛，然而盛极必衰，其危

机也就潜伏于这时候的。高宗是一
个好大喜功的人，他件件事情，都要
摹仿圣祖，而没有他的聪明勤力，凡
事都喜欢装饰表面。又好奢侈，六
次南巡，沿途供帐，所费甚巨。中岁
后任用和珅，贪赃枉法，为古今所
无，官吏都不得不贿赂他，于是上司
诛求下属，下属剥削百姓，吏治大
坏，社会就骚然不安了。一七九五
年，高宗传位于仁宗。明年，白莲教

清高宗

徒，就以"官逼民反"为词，起事于湖北，蔓延四川、河南、陕西、甘肃
等省。攻剿十年，才算全平。同时，东南有"艇盗"，闽、浙、广东，大
受其害。到公元一八〇九年才平定。而一八一三年，北方又有天理
教之变。教首李文成、林清，至结连内监，袭入宫禁，其党亦叛于山
东、河南。宣宗时，回疆又有张格尔之变。张格尔，就是天山南路教
主的后裔，清平天山南路时，逃到浩罕去的。至是借其兵入寇，陷南
路数城。这许多叛变，虽然都经戡定。然而人心摇动的情形，就可
以见得了。清朝的财政，是当康熙时代，就有余蓄的。乾隆最盛时，
曾达七千余万两，嘉庆以后，内外多故，就开始患贫。至于兵力，则
当吴三桂起事时，满兵已不足用。"绿营"亦徒有其名，川楚教匪的
勘定，实在是得力于乡勇的。以如此腐败的政治，而要当西人方兴
之焰，自然要败坏决裂了。

【习题】

（一）西伯利亚的地方，在历代都没有关系的，为什么到近代，
会成为北方的一个大威胁？

（二）广东对外的通商，彼此隔阂，其症结在那里？

（三）设使天主教士，始终守利玛窦遗法，中国人对西教的见解当如何？

（四）清朝的衰机，是开始于什么时代的？

（五）试历数清中叶的内乱。

（六）清朝中叶，财政和兵力的情形如何？

【参考】

本章可参看日本稻叶君山《清朝全史》（但焘译，中华书局本）。

第六章　鸦片战争

鸦片的输入

鸦片战争，是中西正式冲突的开始。这是积了种种的障碍，到此爆发的；所谓禁烟，倒不过是一个导火线。鸦片在唐德宗贞元时，已由大食商人输入中国。宋初所修《开宝本草》，也有其名。开宝，宋太祖年号，公元九六八至九七五。但是从前只作药用。明末，烟草输入，吸食的人渐多，其中有一种，是以鸦片和烟草同熬的，谓之鸦片烟。那时代吸烟草也有禁令，后来就解除了。鸦片烟则讫未弛禁，然吸者亦不绝。明神宗万历年间，鸦片初由葡萄牙人输入，每年不过几千箱。十八世纪中叶，英人独占印度，印度的恒河流域，是鸦片产地，输入遂逐渐增多，后来竟近三万箱。那时候的中西贸易，输出以丝、茶为大宗，输入以呢、布、钟表为大宗，出入本略可相抵。鸦片输入激增后，进出口不能平衡，乃不得不将现银输出。银是清朝时候用作货币的，既然银条外流，内地银荒日甚，于是银价上涨，货值日跌，经济界颇受影响。当时赋税都系收钱，换成银两解上去，钱贱银贵，征收的官吏，就要赔累。盐商卖盐交课亦然。而吸烟的人，志气颓唐，身体衰弱，尤为民族一大危机。于是禁烟之议起。

林则徐的禁烟

一八三八年，宣宗将禁烟问题，命臣下详议，多数主张严禁。湖

林则徐

广总督林则徐,奏语尤为激烈。则徐有"烟不禁绝,国日贫,民日弱,数十年后,岂惟无可筹之饷,抑且无可用之兵"诸警语。宣宗即命他到广东去查办。明年,则徐迫令英人缴出鸦片二万另二百八十三箱,每箱一百二十斤。把他悉数烧毁。下令各国商船:进口的要具"夹带鸦片,船货没官,人即正法"的甘结。各国都照具了,独有英国不肯。义律命英商退往澳门,则徐断其接济。义律遂以兵船封锁广州,然未得政府的允许,究不能和中国开战,乃又请他国斡旋愿具"夹带鸦片,船货充公"的结,但请删"人即正法"四字,则徐亦不许。

中 英 的 开 战

公元一八四〇年,英国国会通过了用兵。于是英人派兵二万余前来,攻击广东沿海,不克。改攻厦门,旋亦弃去。北陷舟山,又到大沽投英国首相致中国的信。信中提出六项要求,其时督抚怕多事,宣宗遂派琦善在广东查办,林则徐时已授为两广总督,革职,遣戍新疆。琦善既至,和英人磋议。英人要求割让香港,琦善不敢许。英人就进兵攻陷海口炮台。琦善不得已,允许了他。清朝闻英人进兵,大怒,将琦善革职,另派大臣督兵进剿。英国亦嫌交涉软弱,撤去旧员,改换新将。第一次带兵来的,已见有上章注七,[1]后来所换的为璞

---

① 即本书第186页第2—3行注。

鼎查(Pottinger)。清兵到广东,进攻不胜,英兵至,再陷厦门、舟山,进破宁波、乍浦。又撤兵入长江,陷上海、镇江,直逼南京,清朝无可如何,乃派耆英等和英人议和,订立《南京条约》。

南 京 条 约

《南京条约》,大致是照英国人的要求订定的。其中重要的条款是:(一)开广州、厦门、福州、宁波、上海五口通商。准英商携眷居住,英国派领事驻扎。(二)割让香港。(三)偿还烟价六百万元,商欠三百万元,并赔军费一千二百万元。(四)英人得与华人任意交易,无庸拘定行商。(五)进出口税则,秉公议定。英货既完进口税后,由中国商人,运入内地,只可照原税酌加几成。(六)中、英官吏,以平等的礼节往来。这是专为打破前此口岸任意开闭,英人在陆上无根据地,税额繁苛,不许英官和中国平行之局的。

南京条约的善后

《南京条约》,订明英兵占据定海和鼓浪屿,俟赔款交清,五口开放后,方行撤退。中国乃派耆英往广东,与英人筹议善后问题。此时问题的症结,为广东的英领事要入城,而华人固执一七九三年“西洋各国商人不得擅入省城”的上谕,加以拒绝。民气既不能压抑,英人又无可通融,耆英深以为苦。一八四六年,五口都已开放,赔款亦已付清,耆英请英人撤兵,英人又要求他订立舟山群岛不得割让他国之约,而耆英亦要求英人,将入城问题,延缓两年,英人也答应了。耆英遂急求内调而去,留下一个纷扰的根株。中、英条约定后,各国都相继东来,美、法、瑞典都和我国立有条约。惟俄人要在海路通商,仍给中国拒绝。

【习题】

（一）为什么说鸦片战争,烧烟只是一个诱因？

（二）鸦片是怎样输入的？ 如何成为吸食的嗜好品？

（三）林则徐禁烟的手段,是否失之激烈？

（四）中国当时对付英国失策在那里？

（五）设使当时中国,正值历代所谓盛强之时,能否始终拒绝英人？

（六）试举《南京条约》重要的条件。

【参考】

本章可参看武堉幹《鸦片战争史》(商务印书馆本)。

第七章　太平天国

民族主义的勃兴

当明室灭亡之时，有志于革命的人，见事无可为，乃想将民族主义的根苗，流传后代，于是有会党的组织。见邹鲁《中国国民党史稿》第一篇第一章。在粤江流域的为三合会，在长江流域的为哥老会，都以反清复明为口号。从桂王败亡，台湾破灭以后，看似汉族全被征服，其实革命种子，仍潜伏于社会之中。嘉、道以后，内乱时起，外患迭乘；清朝的威望，扫地以尽；革命的种子，就有萌芽的机会了。

太平军的起事

太平天国天王洪秀全，广东花县人。生于一八一二年，恰在民国纪元之前百年。他少有大志，为要运动下级社会，不得不借助于宗教。广东和外人接触早，对于基督教，认识较多，他乃采取其说，自创一教，称为上帝教。自称天父的次子，称基督为天兄。和同县冯云山，到广西桂平、武宣一带传布。这一带地方的人民，风气朴实，性质勇敢，信他的人很多。恰好广西大饥，盗匪遍地。人民办团练自卫，土著与客民，又相龃龉，他就乘机以一八五〇年起事于桂平的金田村。

太平天国的兴亡

洪秀全

洪秀全起事之后，袭据永安，建号为太平天国，自称天王。同起诸人都封王，东王杨秀清，南王冯云山，西王萧朝贵，北王韦昌辉，翼王石达开。清将向荣，把大兵围困他，太平军突围而出，入湖南，出岳州，下武汉，沿江东下，直抵南京，称其地为天京。时在一八五三年。向荣率大兵，随太平军之后，至天京城外孝陵卫扎营，是为"江南大营"。清朝又派琦善一支兵，屯驻防扬州，是为"江北大营"。太平军殊不在意。并派林凤祥、李开芳率兵出安徽北伐，胡以晃、赖文英沿江西上。后来北伐的兵，因势孤，从河南、山西入直隶，退据山东，给清兵消灭。西上的，却攻下安庆、九江，再取武汉，甚为得势。此时清朝绿营、旗兵，都毫无用处，而曾国藩在湖南练成湘军，成为太平军的劲敌。一出来，就攻陷武汉，进陷九江。派兵从水陆两路，进取安徽。先是太平军中又有内讧。杨秀清专权，天王使韦昌辉把他杀掉，旋又使秀清余党，杀掉昌辉。石达开别为一军，剽掠湖南、两广，后来给清军消灭于四川。冯云山、萧朝贵先已战死。天王深居简出，不亲政事，太平天国中，遂现出中枢无主的景象。军纪日坏，将士的暮气亦日深，幸得英王陈玉成，破湘军于三河集，忠王李秀成，派兵分扰赣、浙，击破江南大营，进取苏松，太平军的气势又一振。然而大厦非一木所能支，清朝以曾国藩督两江，指挥诸将，国藩分兵定赣、浙。又遣李鸿章募淮军，以攻苏、松，湘军以全力下安庆，水陆两军，沿江东下，天京遂于一八六四年失陷。天王先服毒殉国，子福瑱，殉国于江西，余党亦先后败灭。太平天国共计十五年；势力所到之地，达十六省；内地十八省，只有陕、甘两省未到。事虽无成，亦可以算得壮烈了。

曾国藩

太平天国事变的影响

太平天国的兴亡，虽不过十五年间，但其影响却不小。政制社会的改革：太平信奉基督教理，谓人皆上帝子女，故称男皆曰兄弟，女皆曰姊妹，一律平等。改新历，行公田，禁止卖娼蓄妾。排斥释道，废庙宇偶像，重定儒书，此为不能抓住民心之处。上海为外人居留地，上海响应太平时，外人宣言中立，租界行政权渐归外人，为公共租界之起原。经此事变后，满汉畛域消除。汉大臣多任内外大官，得有势力，清室大权，渐渐推移。

北 方 的 捻 乱

太平天国同时，北方又有捻党。那是无甚主义的，不过只算是流寇。捻党初横行于河南、山东、安徽三省之间。太平天国既亡，余党和他相合，声势骤盛。清朝派僧格林沁去打他，败死于曹州。乃改派曾国藩，国藩创"长围圈制"之法，于运河、贾鲁河沿岸筑长墙,到底给他突破,分为东、西两股,东捻首领任柱、赖文光入苏、鲁,西捻首领张总愚走陕西。李鸿章代曾国藩,倒守运河,把东捻逼到海边平定。左宗棠剿西捻,西捻回窜直隶,李鸿章和他合力,把捻党包围在黄、运、徒骇河三河之间打平。这事在一八六七、六八两年。

西北西南的回乱

同时西北、西南,又有回乱。云南回民杜文秀,以一八五五年据大理,尽占迤西一带,迤东也有起而创乱的。到一八七二年,才给岑毓英用回将马如龙打平。西北回乱,起于一八六二年,直到捻匪定后,左宗棠方才回兵剿办,其时陕、甘几全成匪区,天山南北路,亦为浩罕将阿古柏帕夏所据,阿古柏是浩罕的将,浩罕使他随着张格尔的儿子东来的。后来张格尔的儿子,为其所废。此时天山北路,先有回酋妥得璘起兵,进取南路。又有汉人徐学功,起兵自卫,阿古柏和徐学功联合,攻破妥得璘。徐学功亦内附。于是天山南北路为俄所据外,余尽入其手。想在其地建立一个回教国。英、俄、土耳其都和他通使,英人怕俄人南下,危及印度,尤其要扶助他。左宗棠先平定陕、甘,英人仍为阿古柏求封册。朝议因用兵劳费,也有主张封他的,宗棠力持不可,于一八七五年进兵,至一八七八年,把南北路都平定,然伊犁先已为俄人所占,到底酿成重大的交涉。

【习题】

（一）明朝灭亡后,民族主义怎样流传?

（二）在政治上,怎样能把秘密组织,变成公开竞争?

（三）太平天国灭亡的原因在哪里?

（四）设使明朝亦用圈制之法，能将流寇削平否？

（五）试述回乱蔓延的区域。

【参考】

　　本章可参看日本平山周《中国秘密社会史》，王钟麒《太平天国革命史》。均商务印书馆本。

第八章　英法联军与中俄交涉

广东交涉的纠纷

公元一八五八和一八六〇年,南方内乱正炽,北方又有英法联军和中、俄交涉,遂使外力的侵入,更深一层。先是耆英去后,徐广缙为两广总督,叶名琛为巡抚,两个人,都是有些虚侨之气的。时粤人自办团练,要想抵抗外人。英人要求入城,徐广缙自己到他船上去阻止,英国人想把他扣留起来。团丁同时齐集两岸,呼声震天。英人怕肇大祸,乃将徐广缙放还。并另订《广东通商专约》,把不入城列入约中。事闻,清朝大加奖励,广东人更形得意。后来徐广缙去职,叶名琛代为总督,对于外人,更持傲慢不理的态度。然实不知外情,亦无实力防备。一八五六年,中国水师,在挂英国旗的亚罗号船上,搜捕海盗。当时香港政府许华船向其注册,这一只船,实在是注册业已满期的,英人借口中国搜捕海盗之际,侮辱其国旗,向叶名琛索还所拘捕的人,叶名琛即行送还,英人又不受,说要解决入城问题,遂径行进攻省城,以为迫胁。英领事巴夏礼,Harry parkes。借此启衅,攻陷省城。然并无本国政府的命令,旋又退出,又因印度士兵起了叛变,而粤人以为英人惧战易与,烧毁各国商馆,反成为巴夏礼请本国政府用兵的口实。

英法联军的东来

此时英想联络法、俄、美一致行动,而美、俄都只愿改订商约;法则因拿破仑第三野心难戢，适逢广西西林县，又杀掉一个法国教士，法国亦想借此示威。于是四国各派使臣，英、法则以军队相随，攻陷广州，把叶名琛虏去，后来死在印度。英、法兵又北上，陷大沽炮台。清朝不得已，派大臣在天津，和英、法、美三国，各订条约，是为一八五八年的《天津条约》。明年，英、法使臣来换约，中国方在大沽口修理防务，命其改走北塘，不听，强行闯入，为中国兵击败，逃到上海。又明年，英、法兵再至，攻陷大沽，清朝再派亲王讲和。而亲王误信人言，说英人暗藏兵器，要想在会场上"劫我"。军官僧格林沁，竟把巴夏礼捉起，送往北京刑部牢里监禁。英、法兵进攻，清兵大败，文宗逃往热河，英、法兵胁开京城，把圆明园烧毁，才由文宗之弟恭亲王奕䜣，和两国另订条约，是为一八六〇年的《北京条约》。

天津北京条约

　　天津、北京两条约，包含（一）赔款（英千二百万两，法六百万两）外。（二）许外国派使驻扎北京。是为中国中央政府和外人直接交涉之始。（三）沿海添开口岸，并及长江。于是内河航行权，就与人共之了。《天津英约》，沿海关牛庄、登州、台湾、潮州、琼州，沿江自汉口而下，开放三口（后开汉口、九江、镇江）。《法约》多淡水、江宁而无牛庄。《北京英约》又增开天津。（四）领事裁判权。（五）关税协定。（六）传教。前此仅以上谕解禁，许在海口设教堂，至此则明认外人到内地去传教，并可租买土地，建造房屋了。领事裁判、关税、传教各协定，均在道光江宁、咸丰天津各条约中。道光二十二年（公元一八四二年）《宁约》第十款，议定英货纳税例，咸丰八年（公元一八五八年）《津约》第二十六款，定货物每值百两税五两，又是年《中英通商善后章程》第一项，定税则未载之货，估价值百抽五。以上皆关于关税者也。《津约》第十六款，英人犯事，归英惩办。但道光二十四年《中法条约》第二十七款，业已规定有领事裁判权。此关于法权者也。天津《英约》第八款即为保教。天津《法约》第十款，法人可以购地建礼拜堂、书院、学堂。第十三款，保护天主教士、教民，并在内地传教。此关于传教者也。

中俄划界交涉

自《尼布楚条约》订立以来，俄人对于东方，仍逐渐侵占；中国则以为边荒之地，不甚注意经营；黑龙江以北之地，遂多为俄所据。一八五〇年，俄人要求新疆通商，中国许开伊犁和塔城。一八五七年，又在天津订立条约，许其在海口通商。当时中国本不许俄国在海口通商。此时想借俄国的力量，牵制英、法，所以许其海口通商，和他订约，反在英、法、美之前。然俄人要求变更《尼布楚条约》，则中国仍加坚拒。一八五八年，俄人乘中国多事，迫胁黑龙江将军奕山，订立《瑷珲条约》，尽割黑龙江以北之地，而将乌苏里江以东，作为两国共管。一八六〇年的英、法和议，俄使曾居间调停，事后又借此要功，迫中国再订《北京条约》。将乌苏里江以东，亦作为割让。西北疆界，从沙宾达巴哈以西，都规定大概，订明另行派员会勘。新疆再开喀什噶尔，又许俄人从恰克图经库伦、张家口到京，零星货物亦得发卖。旋又订立《通商章程》，陆路税则，较海口三分减一。两国边界百里内，都为无税区域。此条看似彼此一律，但中、俄接界之处，都是中国境内繁盛，而俄国荒凉，所以中国实在是吃亏的。此事可参看拙撰《白话本国史》第四编第一章第六节。蒙古设官之处，都准俄人前往贸易。诸约不但东北割地，广大可惊；就蒙古、新疆，也几于藩篱尽撤了。

中俄伊犁交涉

《北京条约》定后，西北边界，是逐段派员会勘的，又都略有损失，而伊犁将军所属，界约并未及订成而回乱作，伊犁为俄所据。中国向其诘问，俄人说"乱定即还"。及乱定再向追索，则又要求偿还代守的兵费。中国派崇厚往俄，崇厚是不懂事的，仅收回伊犁空城，而丧失的权利，广大无限。中国将崇厚下狱，中、俄几至决裂。后乃彼此让步，派曾纪泽往俄重议，将伊犁南境要隘，多索回了些。原约蒙古、新疆都为无税区域，新约仅新疆暂不纳税。原约许俄人在多处设领，新约仅肃州、土鲁番两处。而将蒙古贸易，扩充至不设官之处。此约定于一八八一年。明年，中国遂改新疆为行省。

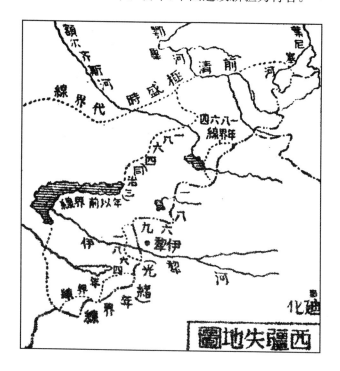

【习题】

（一）徐广缙、叶名琛外交失败的根源安在？

（二）广东当时，民气颇盛，为什么终无成功？

（三）巴夏礼擅攻广州，英、法二使强航白河，我国该用什么法子对付？

（四）天津、北京两约所损失的权利，较《南京条约》如何？

（五）中国失掉东北之地，根本上的失策在那里？

（六）《北京条约》，俄人对于蒙、新的权利如何？

（七）设使回乱定后，中国将索回伊犁之事搁起，继续进行勘界，可否？

第九章　中法战争和西南藩属的丧失

越 南 的 衰 乱

藩属就是我的属国，而又可以做我的藩篱的意思，藩属沦亡，内地就要危险了。安南旧阮，自给新阮灭掉后，遁居海岛。因法教士的介绍，求援于法；又借助于暹罗，将新阮灭掉。立国顺化，受封于中国，为越南国王。当越南求援于法时，曾和法国立有草约，许事成之后，割化南岛为赂，后来草约没有签字，约中所载的义务，法国亦没有履行；越南亦就没有割地。这自然是不错的，但是与法交涉之间，殊多缪辖，南部遂为法国所占，这事还在中国订立《天津条约》之时。后来太平天国灭亡，余党又逃入越南北部，旧阮初兴，对于北部，实力本来顾不到，至此遂更形混乱。

中法战争和越南丧失

当云南回乱时，中国曾托法商购运军火，法人因此知航行红河，可通云南，又想侵占越南北部。越人联合太平军余党刘义，后来内附，改名刘永福，所领军号黑旗军。把他打败。中国亦命云南、广西出兵，法人乃设计攻顺化，胁越南立被保护之约。中国提出抗议，法国置诸不理。时中国兵出云南、广西的都不利，乃由李鸿章在天津，与法使订约。中国承认法、越条约，而法允不索兵费，旋因撤兵期误会，两军冲突，法国又要求偿金。中、法遂开战，时在一八八五年。法兵袭击马江，破坏我国的海军。又陷澎湖、基隆，封锁宁波、海口，然我陆军出云南、广西的都胜利，台湾淡水坚守，法军亦不能下。是时法新败于德，元气未复；战既不利，舆论哗然，主战的内阁，因之而倒。倘使我更坚持，或者条件还可有利些，然我国亦未能利用机会，仍放弃越南成和，不过法人没有要索赔款罢了。

缅甸和暹罗的丧失

英国和缅甸，是久有冲突的。一八二六年，就割其阿剌干和地那悉林；一八五一年，又割白古。缅人自此没有南出的海口，屡图恢复，终无成功。法、越交涉紧急之时，法人又诱缅甸立密约，许代监禁其争位的王族，而缅甸人则割地以为报酬；英人大惊，趁中法交战之时，发兵把缅甸灭掉。法人既并越南，借口暹罗湄公河左岸之地，曾属越南，向其索取，暹人不能拒。英人和法协议，以湄公河为两国势力范围界限，湄南河流域为中立之地。暹罗因两国的均势，得以幸存，然亦不是我的属国了。

哲孟雄不丹的丧失

西藏南边之国，亦久为英人所觊觎，当公元一八一六年时，廓尔喀因受英国迫胁，曾求救于中国，清仁宗茫然不省。见《东华录》嘉庆二十一年。廓尔喀言受披楞压迫，披楞即不列颠的异译。仁宗降谕说：尔国来禀之意，不过要求天朝帮助。天朝于边外部落，彼此相争，从无发兵偏助一国之事。尔国与披楞，或和或战，即或竟投诚披楞，天朝总置不问。但届至贡期，仍当按例进贡。倘至期不来,即当发兵进剿。真可谓昏愦胡涂,而又颜之厚了。廓尔喀遂兼附于英,不过终清之世,仍守其五年一贡之例而已。哲孟雄则当公元一八三九年时,英人即租得其大吉岭之地,后来又取得其铁路敷设之权;自此西藏的藩篱就渐撤。不丹于公元一八六五年,为英军所败,乞和。到公元一八九○年,中国和英人订结《藏印条约》,承认哲孟雄归英保护。公元一九一○年,不丹亦夷为英的保护国,西南的藩属,就几于全失了。

西 南 的 危 机

藩属既已丧失,本国的形势,就渐行赤露。《法越条约》,中国许开边界两处通商,后来广西开了龙州,云南开了蒙自、河口。先是英人要求派员入藏探测,中国不能拒,允许了他,而其所派之员,行至腾冲边界被杀,英人指为大员主使,交涉几至决裂,于是有公元一八七六年的《芝罘条约》。在西江沿岸,开放商埠,并许英人航行西江,而派员入藏一节,仍订入约中。直到公元一八八六年,中国订约,承认缅甸属英,才将他取消。其中缅界约,则直到一八九四年方订立。仍仅规定北纬二十五度三十五分以南;自此以北,疆界迄未勘定,遂为英兵侵占片马、江心坡、班洪等地的张本。又此约订明孟连、江洪不得割让,而一八九五年的《商务界务专条》,却把江洪之地,割让了一部分给法国,并许越南铁路,接展至中国。于是英人向我诘责。一八九七年,又立《中缅条约》附款,许缅甸铁路,和云南铁路相接。西南的形势,就更形危急了。

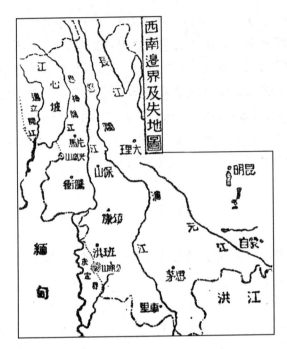

尖高山以上，皆两国未定之界。民国纪年前二年，英兵进占片马；十八年，又进占江心坡；二十三年，又侵占班洪；现在由国民政府派出勘界委员与英会勘。

【习题】

（一）使越南不求助于法，是否能免亡国之祸？

（二）使中国当日，径行出兵，占据越南北部，代为保守，形势将如何？

（三）中、法之战，使中国再行坚持，可得到怎样的结果？

（四）法占越南，英占缅甸，设使中国硬不承认，则如之何？

（五）试述缅、越亡国后，云南、广西的形势。

（六）试述《芝罘条约》的始末。

【参考】

本章可参看傅运森《外族侵略中国史》，商务印书馆本。

第十章　中日战争与外力之压迫

朝鲜日本的盛衰

日本千年以来，幕府专权，国土分裂，本在乱极思治的时候，因西洋各国，强迫通商，激起国人"尊王攘夷"之论，幕府倒，封建废，借王权的力量以维新，就是所谓"明治维新"，正当清同治七年，由此而渐进于宪政政制的正轨。

中日初期的交涉

日本和中国订约，事在一八七一年，当时因我国与西洋各国，都是全国开放的，对于日本则仅限于通商口岸，所以我国和日本所订的约，也和西洋各国有异：（一）领事裁判权，彼此都有。（二）关税都照税则完纳；要税则所无的，才值百抽五。（三）亦无所谓传教。这是日本人很不满意的。这一年有琉球诸人遭风飘到台湾，为生番所杀。琉球是两属于中、日之间的，中国却并不知道，日本向我诘问，我国说："琉球是我藩属，琉球人被杀，与你何涉？"又说："生番是化外之民，不能负责。"日本遂自行发兵到台湾去攻生番。我国亦调兵渡海，日人颇为胆怯，乃由中国给死者家属以抚恤；并偿还其修路、造屋之费而罢。但日人觊觎琉球，有加无已。公元一八七九年，日本就把琉球灭掉。我国和他交涉，始终无效。

日本的窥伺朝鲜

公元一八七六年，日本和朝鲜订约，认朝鲜为自主国，后来清廷发觉，才命朝鲜又和美、英、法、德次第订约，均申明为我属国，然《日约》未能追改。公元一八八二年，朝鲜国王李熙的本生父昰应，和王妃闵氏争权，作乱。中国派兵代为勘定，自此中国兵就留驻朝鲜京城。公元一八八四年，朝鲜党人作乱，又为我国所镇定。明年，日本遣使来，和我订约：彼此都撤兵，如欲派兵，必须互相知照。中、日对朝鲜，就立于同等地位了。

中 日 战 争

一八九四年，朝鲜东南部又有乱事，求救于我，我国派兵前往，未至而乱已平。日本亦派兵云集京畿，我国要求他撤退，日本不听。

又击沉我国运兵的轮船,两国遂开战。我国陆军败于平壤,海军败于大东沟,日兵遂渡鸭绿江逼摩天岭,别一军进旅顺,营口、海城亦相继陷落。其海军又北陷威海卫,南陷澎湖,中国不得已派李鸿章到日本议和。

马 关 条 约

和议初开时,日人的要求很为苛酷,旋因李鸿章为刺客所伤,各国舆论哗然,日人才许停战。旋议定条约:(一)中国认朝鲜独立。(二)赔款二万万两。(三)割辽东半岛和台湾、澎湖。(四)照欧、美现行约章,和日人改订商约,这是日本求之多年而不得的。而(五)开放长江上流的沙市、重庆和运河沿岸的苏州、杭州。(六)日人得在通商口岸,从事制造,货品课税及租栈,得享有一切豁免优权。则又是欧美各国,所求之而未能得的了。约既定,俄、德、法劝告日本,勿割辽东,日人乃增索赔款三千万两,而将辽东还我。台湾人自立民主国,和日本抵抗,到底因势孤援绝,为日人所灭。

中日战后外力的压迫

中日战后,中国的积弱,暴露于天下,而外力的压迫,遂纷纷而起。俄人以干涉还辽之故,于公元一八九六年,诱我与订《密约》,许其筑造东省铁路。次年德国人强占胶州湾,迫我订租借九十九年的条约,并得胶济、胶沂济铁路的敷设权,及开采沿铁路线三十里内的矿山。同年俄人又租借旅顺、大连湾,以二十五年为期,并得从东省铁路,添筑一支线,达于旅、大。英国则借口均势,于公元一八九八年,租借威海卫,租期与旅、大相同;又租借九龙半岛,租期和胶州湾相同。同年法国亦租借广州湾,租期和胶州湾相同。而法于两广、云南,日于福建,英于长江流域各省,又都要求我不得割让他国。这就是外人所谓"势力范围",各于其中,攘夺筑路、开矿的权利;瓜分之论,一时大炽。美国在中国,是没有什么特殊权利的。其国务卿海约翰,John Hay,或译赫伊。乃照会英、法、德、意、俄、日六国,提出"门户开放,领土保全"主义,这就是所谓"均势"。照会的条件有三:一、各国对于中国已得的权利,彼此不相干涉。二、各国势力范围内各港,对于别国的商品,都遵照中国现行海关税率课税,由中国征收。三、各国势力范围内各港,对他国船舶,所课入口税,不得较其本国的船舶为高;铁路运费亦然,这是所以保存各国对我国条约上的权利的。要条约有效力,必须领土不变更,所以既谈门户开放,必然连带及于领土保全。从此以后,我国的局势,就随着外人瓜分和均势的议论,而忽松忽紧了。

【习题】

（一）日本和朝鲜本来的国势,比较如何?

（二）中、日初期条约,和中国对欧、美的条约,有何异点?

（三）日本为什么处心积虑,要想侵掠朝鲜?

（四）试述中、日战事的大略。

（五）试述《马关条约》的重要条款。

（六）中、日战后外力的压迫如何?

（七）何谓势力范围?

（八）何谓均势?

【参考】

本章可参看王钟麒《中日战争》,商务印书馆本。

第十一章 维新运动之始末

维 新 的 酝 酿

维新运动,是适应环境的要求而生的。当鸦片战争时代,举国上下,几于茫然不知世界的情势,一味为盲目的排外,就到英法联军时,也还是如此。中国新机的开发,是从湘、淮军中一班人物起的。他们任事久,经验多了;又目击西人兵力的强盛;当太平军陷苏州时,清朝官吏,避居上海,初募印度人防守,由西人统带;后乃改募华兵,仍由洋将训练统率,是为常胜军。英人戈登(Gordon)率之随淮军作战。所以湘、淮军诸将,实在是和西人共过事的。知道故步自封,不能自立于今日的世界,才渐次趋向于改革。然他们的改革,直接的是军事,间接的是制造和交通,还不外乎为军事起见。如改练洋操;购铁甲船;设制造局,造船厂;筑铁路,设电报等。这种改革,自然还是不彀应付的,再进一步,就要想把全国的政事,澈底改革一下了。这便是维新运动的动机。

咸同光的朝局

然而以当时的朝局论,则是很难望其振作的。前清文宗末年,宗室中载垣、端华、肃顺三个人,颇为专权。文宗死于热河,穆宗立,年幼,三人等自称赞襄政务大臣。穆宗生母慈禧太后,和恭亲王奕诉密谋,于回京之日,把他们三个人杀掉,慈禧太后和文宗的皇后慈安太后同时垂帘听政;而实权全在慈禧太后。钮钴禄氏,徽号慈安,谥孝贞,当时谓之母后皇太后。叶赫那拉氏,徽号慈禧,谥孝钦,当时谓之圣母皇太后。俗以其所居称钮钴禄氏为东宫皇太后,叶赫那拉氏为西宫皇太后;简称东太后、西太后。这时候,满人腐败,已达极点,肃顺是主张任用汉人的,慈禧亦能守其政策,所以湘、淮军诸将得以效力于外,把内难削平。然自此以后,慈禧就骄奢起来了,而其性质又甚专权。穆宗死,无子,强立德宗,年方四岁。清朝当高宗时,曾定立嗣不能逾越世次之例。穆宗无子,本该在其侄辈中选立,而德宗的母亲,是慈禧太后的妹妹,所以慈禧独断立他。慈禧太后和慈安太后再临朝。慈安死,慈禧更无忌惮。德宗大婚亲政后,依旧事事要干预,德宗是颇有志于改革的,而为其所制,志不得行,就酿成戊戌政变之祸了。

宣宗 {
　文宗——穆宗
　淳亲王奕𫍽 {
　　德宗
　　淳亲王载沣——溥仪
}

清德宗

慈禧太后

戊戌维新及政变

中日之战,中国以大国而败于小国;而且割地赔款,创巨痛深;于是人心奋发,风气渐变。康有为设强学会于北京,虽然被封禁了,其弟子梁启超,又设《时务报》于上海,鼓吹变法,风行一时。康有为是很早就上书请变法的。其中有一次得达,德宗深以为然。公元一八九八年夏,德宗就擢用有为等。下诏定国是,励行新法。这一年是戊戌,自四月至八月中,变法之会相继诏示。守旧大臣,群诉于慈禧太后,请其阻止。后乃自颐和园回宫,说康有为等要谋围颐和园,不利于他,复行垂帘听政。康有为、梁启超走海外。有为弟广仁等都被杀,时人谓之"六君子"。六君子,是康广仁、杨深秀、杨锐、林旭、刘光第、谭嗣同。德宗自是被幽于南海的瀛台,一切新政,尽行推翻,是为"戊戌政变"。

康有为

梁启超

政变后的情形

新政虽然推翻,人心却不能复旧了。太后深恶康有为、梁启超,要想拘捕他,而外人以其为国事犯,加以保护。太后要想废掉德宗,立端郡王载漪之子溥儁为大阿哥以觇人心。而各国公使,表示反对。太后说德宗有病,则海外华侨,和上海新党,都电请圣安,以表示拥戴。太后要拿办他们,又不能得。于是新旧乖迕,内外猜疑,义和团的事变,乘之而起;而立宪革命的气势,亦渐次旺盛了。

【习题】

(一)中国的新机是怎样逐渐开发的?

(二)慈禧太后和晚清的政局,关系如何?

(三)维新运动,对于中国,有什么影响?

(四)日本维新竟成功,我国维新就失败,道理在那里?

【参考】

本章可参看梁启超《戊戌政变记》及《康南海传》。

第十二章　八国联军之役

义和团的起原

义和团是八卦教中的一派,和白莲教同源的。自西人东来传教,中国积受欺陵,人心未免忿恨;而教民倚势横行,教士又加以庇护,辞讼不得其平,尤为人民切肤之痛。一般社会心理,以为西洋人所长,惟在枪炮;土著齐心,即可将少数客籍打退;这种观念,亦与日俱深。加以平话、戏剧、荒诞不经的教育,遂有练神拳可御枪炮的怪说。而民间的秘密团体,本以反清复明为宗旨的,亦就一变而为扶清灭洋了。

义和团的扰乱及联军入京

义和团盛于一九〇〇年,其初起于山东。巡抚袁世凯痛加剿办,其众遂流入直隶。此时中枢大臣,还有极其迂谬,全不晓事的。亲贵中又有想废德宗而立溥儁的人,利于乱中行事。见恽毓鼎《崇陵传信录》,中华书局《中国近百年资料》本。慈禧太后因洋人庇护康、梁,亦生仇恨,乃亦加以奖励,其众遂大盛,京、津之间,到处设坛练拳。拆铁路、毁电线;烧教堂,杀教士;甚至见着洋服和用洋货的人,都加以杀戮。秩序大乱。而德国公使和日本书记官都被戕。德使克林德(Ketteler),日书记官杉山彬。后议和条约中,定派亲王大臣赴德、日,表示惋

义和团

惜之意。迂谬的亲贵大臣，又令驻京的甘军，合着他去攻公使馆，幸有暗中令甘军缓攻的，使馆才得不破。亲贵又伪造西人的要求条件，激怒太后，对各国同时宣战；而不知英、美、德、法、奥、意、俄、日八国的联军已到，大沽先已失陷了。与各国宣战的上谕，在庚子五月二十五日；大沽口的失陷，在二十一日。当时的拳民，亦有相当的勇气。当联军未来之前，英国提督西摩（Seymour）带着各国海军陆战队，进京援救，为义和团所阻。孙中山《三民主义民权第五讲》载西摩的话，说："当时义和团的勇气，如果他们所用，是新式枪炮，联军一定全军覆没。他们总是用大刀肉体，和联军相搏，虽然伤亡枕藉，还是前仆后继，其勇锐之气，再令人惊奇佩服。"然既无训练，又专恃血肉之躯，自不足以当大敌。联军一到，就都溃散了。专靠一个聂士成，力战抗敌，到底因众寡不敌阵亡，联军进逼，德宗及太后走太原，旋又走西安。联军的兵锋，东到山海关，西到保定。

东南的互保和东三省失陷

　　傥使当时外省的督抚，亦像中央政府一般，轻举妄动，则战祸的蔓延，势必及于全国。幸而东南各督抚，不奉乱命，和各国领事立互保之约，当时两江总督为刘坤一，两广为李鸿章，湖广为张之洞。三人会商，饬上海道和各国领事立约：租界归各国保护，内地归各督抚保护。闽浙总督许应骙、山东巡抚袁世凯，亦取一致态度。然黑龙江省，遵奉伪谕，攻入俄境，俄人从旅顺和阿穆尔省两路出兵，攻陷三省要地。挟奉天将军，以号令所属，三省遂几同沦陷。

辛 丑 和 约

京城既陷，清朝乃再派李鸿章和各国讲和。各国要挟清朝，惩办排外的亲贵大臣，然后开议，议未竟而李鸿章死，代以王文韶。明年，和约成。其中要点：（一）划定使馆区域专由外人管理，禁止华人居住。（二）拆毁大沽口及从北京到海口路上的炮台。（三）许各国驻兵于一定地点，以保护北京到海口的交通。（四）赔款四万五千万两。年息四厘，分三十九年还清。还要按市价

李鸿章

易成金款，于是按其实，就连九万万都不止了。

乱 后 的 形 势

和议定后，太后和德宗还京，实权仍在太后之手。排外失败，一变而为媚外，时时和各公使夫人等相联络，那更可笑了。撞下滔天大祸，贻累国民，未免有点说不过去。知道舆论主张维新，乃又伪行新政，以为掩饰之计，又谁不能窥其虚伪？人民到此，对清朝就绝望，而立宪的议论，革命的气势，就要日盛一日了。

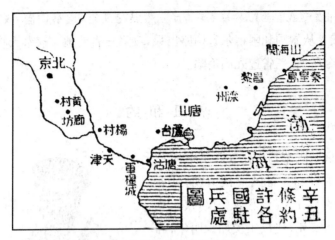

辛丑条约许各国驻兵处图

【习题】

（一）义和团的发生如何？

（二）当时利用义和团的人，心理如何？

（三）当时东南督抚，不奉伪命，和各国立互保之约，其是非得失如何？

（四）试举《辛丑和约》的要点。

（五）义和团乱后的情形如何？

【参考】

本章可参看陈捷《义和团运动史》。

第十三章　日俄战争与东北移民

俄国占据东三省

当各国和约,在京开议时,俄人借口东三省事件有特别关系,要求另议,于是向中国肆行要挟;而各国又警告中国不得和俄国另立密约;中国乃处于左右为难的地位。后来各国和约,大致磋商就绪,俄人迫于公议,乃和中国订约,分三期撤兵。从庚子年九月十五起,每半年为一期,第一期撤盛京以西南的兵,第二期撤奉天省里其余地方和吉林省的兵,第三期撤黑龙江的兵。第一期照办了;第二期就不但未撤,反有增加;第三期更不必说了。

日　俄　战　争

俄国强占东三省,是各国都不愿意的,而尤其不愿意的,自然是日本。日本这时,国力还非俄国之敌。一九○二年,日、英订结同盟,以共同对敌俄国南侵。然尚未敢贸然和俄国开衅,乃向俄国提出"满、韩交换"的办法,而俄人对于东三省,丝毫不容日本过问;对于朝鲜,亦不肯放弃。日人迫于无可如何,一九○四年,就和俄国开战。中国反宣告中立,划辽河以东为战区。日本当宣战之前,业已袭败俄舰于旅顺及仁川。俄舰均蛰伏不能活动,日人遂得纵横海上。于是日人以第一军渡鸭绿江,逼摩天岭。第二军攻金州,第三军攻旅顺。后来又组织第四军,和一、二两军相合,攻下辽阳。俄国精锐的兵,多在西方,运输较难。因西伯利亚铁路甚长,又系单轨,运输需时日。而海路又因英日同盟关系,俄舰只能绕好望角来,所以迂缓。辽阳陷后,西方的精锐才渐集,反攻不克,而为时已迫冬季,乃彼此休战;而日人于其间,以全力攻下旅顺。明年,日军三十四万,俄军四十三万,大战七日,俄兵败退。日兵陷奉天,北据开原、铁岭。俄人调波罗的海舰队东来,又被日人在对马海峡袭击。乃由美国调停,在该国的朴资茅斯岛议和。

日 俄 和 议

此时日本兵力、财力,都很竭蹶,求和的心,反较俄人为切。所以和约的条件,日本是吃亏的。俄人仅(一)放弃朝鲜;(二)将旅顺、大连湾转租与日本;(三)东省铁路支线,自长春以南,亦割归日本;(四)并割库页岛的南半;而赔款则丝毫未得。当日、俄议和时,中国曾声明:"关涉中国的条件,不得中国承认,不能有效。"就《日俄条约》,也说(二)、(三)两条,要得中国承认的。然而事实上何能不承认?于是由中国和日本订结《会议东三省事宜协约》。除承认(二)、(三)两项外;并开放商埠多处;凤凰城、辽阳、新民、铁岭、通江子、法库门、长春、吉林、哈尔滨、宁古塔、三姓、齐齐哈尔、海拉尔、爱珲、满洲里。又许日人将军用的安奉铁路,改筑为普通铁路。

日俄战后东北的形势

日、俄战后,日本将所得东省铁路的支线,改名南满洲铁路。并将所得租借地,改称关东州,为关东都督府。中国要借英款建造新

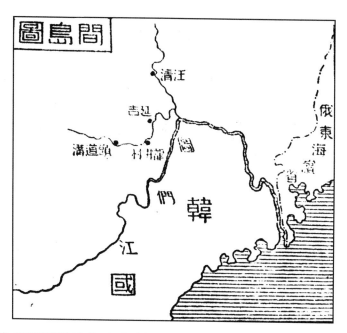

中、韩向以图们江为界。江北延吉县境,韩民多有越垦的,名其地曰间岛,日、俄战后,韩国归日保护,日人指为韩地,派驻理事官,再三交涉,至一九〇九年,乃以其地归我,而我国开延吉等四处为商埠。

法铁路;又想借英、美款项,建造锦爱铁路,都遭日本反对。日本却又获得新奉和吉长线两路的建造权。后来又要求将吉长延长到朝鲜的会宁,称为吉会铁路。吉林延吉厅,有韩人越垦,称其地为间岛。日人即指为韩地,派官驻扎,经再三交涉,然后撤去。美人提议"满洲铁路中立"。其办法:系由各国共同借款与中国,将东三省铁路赎回;在借款未还清时,禁止政治上、军事上的使用。日、俄二国,共同反对。旋订《新协约》,声明"维持满洲现状,现状被迫时,两国得互相商议"。于是变为日南俄北,分划势力范围,不准他国插足的形势了。

中国的移民

中国亦知东三省形势的危急。公元一九○七年,将其地改建为行省,努力于开荒拓垦事宜,并开拓到蒙古东部。辽河、洮儿河流域,新设县治不少。吉、黑两省,亦渐见繁盛。据近来的调查:十九世纪末年,东三省只有人口七百万;一九一一年,增至一千八百万;一九三一年,增至三千万。现在东三省的居民,十五个人中,有十四个是汉人。二十一年国际联盟调查团《报告书》的话。

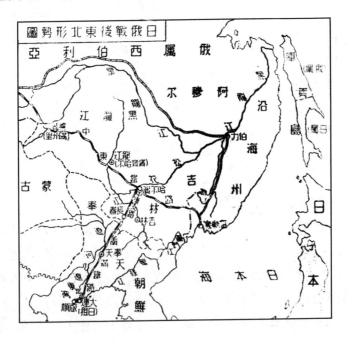

【习题】

（一）东三省在日、俄战争前与战争后,形势的同异若何?

（二）日、俄战争，日人得英人的助力几何？

（三）日俄战争，日本得什么国的助力？其助力又在那里？倘使中国当时，亦有如俄国的抵抗力，中、日战争的结果当如何？

（四）试述日、俄和议的条件。

（五）关东分三省，不分两省，何以会有南北满的名词？

（六）何谓满铁中立？

（七）日俄战后，两国对于东三省的态度如何？

（八）试述日、俄战后，中国对于东三省的措施如何？

【参考】

本章可参看拙撰《日俄战争》，王勤堉《满洲问题》，均商务印书馆本。

第十四章 清代之政治制度与末年之宪政运动

清 代 之 官 制

　　清朝的官制，是大体沿袭明朝，而又加以改变的。明太祖废宰相，天子自领六部，后世殿阁学士，遂渐握宰相的实权，谓之内阁，清朝亦以内阁为相职。惟雍正时，因对西北用兵，特设军机处，后来就没有裁撤。重要的奏章，都直达军机处，廷寄亦由军机处发出；事后才知照内阁，在实际上，是军机处亲而内阁疏了。六部之外，清朝又有理藩院，以管理蒙、回、藏的事情，名为院，设官亦与六部相同。六部长官，都满、汉并置。咸丰末年，因天津、北京两条约，设总理各国事务衙门，委派王大臣任其职。前代的御史台，明代称为都察院，有左右都副御史和监察御史，又有巡按御史，代天子巡守。清朝没有巡按御史。右都副御史，为总督、巡抚的兼衔。外官：明时废元行省，改设布政、按察两司，而区域则略沿元代行省之旧。清朝于两司之上设督抚。两司的官，分驻在外面的，就是所谓道，又若自成为一级，于是（一）督抚，（二）司，（三）道，（四）府，（五）县，几乎成为五级了。中国官治的最下一级唤做县，从秦朝到现在没有改。县以上的一级唤郡，郡以上的一级唤做州，隋、唐时把州郡并为一级。唐于州郡之上设道。宋改道为路，又把大郡升为府，府州之名，遂相错杂。元于行省之下置路府军州。明清于道之下，只有府州，州分两级，领县的为直隶州，与府同级；不领县的为散州，与县同级。同知、通判，另有驻地的，清朝谓之厅。亦有散厅和直隶厅的区别。直隶厅除四川叙永厅外，没有领县的。区域大则行政不易细密；而上级官的威权，自然加增，下级官受其抑压，格外不易展布；这是清代官制极坏之处。奉天省，清朝视为陪京，于其地设府尹及户、礼、兵、刑、工五部。还有锦州一府，是沿袭未废的。此外就只有将军、副都统等治兵之官了。蒙、回、藏之地，也只以将军、副都统、办事大臣等驻防的官驻扎。中法战后，曾改台湾为行省，后来失掉。新疆、关东，后来亦都改省制。惟蒙、藏、青海始终没有改省。

清 朝 的 科 举

学校、科举合一，是明朝的一个特色，而清朝也沿袭他。明制：各府、县都设学，京城则设国子监。府、县学生，升入国子监的，谓之监生。监生和府、县学生，都可以应科举。科举隔三年一开，先在本省考试，中式的谓之举人。进京，由礼部考试，中式的再加殿试；谓之进士。监生，除应科举中式外，亦可有入仕之途，不过差一些，府、县学生却没有；而非学生也不能应科举。所以《明史》说：明制是"学校储才，以待科举"的。清朝的制度，和明朝大致相同。所考的四书义，体裁是要逐段相对的，"谓之八股"。不是一句句对，而是一段段对的。最正规的格式，是分做八段四对（但其前后仍有不对的起结），所以谓之八股。其体式，为明太祖和刘基所创。五经义和策论等，都不重视，只要没有违犯格式的地方就算了。所考的东西虽多，其实只注重八股。而八股到后来，另成为一种文字，就连四书都不懂，也是可以做的。这是从前科举之士，学识浅陋的原因。戊戌维新时，曾废八股，改试论策经义。政变后复旧。辛丑回銮后又改。后遂废科举，专行学校教育。

清 朝 的 兵 制

　　清朝的兵制，入关以前有八旗，初止正黄，正白，正红，正蓝。后有镶黄，镶白，镶红，镶蓝，共八旗。这时候，汉人、蒙古人，都和满人合在一块编制。后来分出，称为蒙古八旗，汉军八旗，合满洲八旗，实在有二十四旗了。入关以后，收编的汉兵，谓之绿营。乾隆以前，大概出征用八旗，平内乱用绿营。嘉庆以后，八旗、绿营，都不足用，于是有勇营。湘、淮军亦称勇营。咸同以后，才有改练洋操的。末年又要采行征兵制度，就各州县挑选有身家的壮丁，入伍训练，为常备兵。三年退为续备，又三年退为后备，共九年，而脱军籍。现在的一师，当时谓之一镇，想练陆军三十六镇，没有练成，就灭亡了。水军：本有内河、外海两种。承平既久，都有名无实。曾国藩练长江水师，和太平军角逐，当时称为精锐。然讲到新式的战争，还是无用的。咸同以后，乃购买铁甲船，又设造船厂、水师学堂，创造新式海军。法、日战争，两次丧败；港湾又都给外国租借去；就几于不能成军了。

清 朝 的 刑 法

　　中国历代的法律，都是大体相沿的，已见《中古史》第十一章。法律仅规定大概，实用之时，不能不参考判例，这个历代都是如此。清朝将两者合编一处，称为《律例》。例是随时修纂的，把新的添进去，旧的删除。刑法亦历代相沿，惟明朝有所谓充军，系将犯罪的人，勒令当兵，实为最不合理的制度。清朝既不靠这法子取兵，却也沿袭其制，清朝的充军，实际上是较重的流刑。那就更为荒谬了。通商以后，外人借口中国法律不完备，刑罚残酷，于是有领事裁判权。清末，想将

此权收回,仍将刑法加以修改。笞、杖改为罚金,徒、流改为工作。预备
立宪时,又改大理寺为大理院,以为最高审判机关,其下分设高等、
地方、初等三级审判厅、检察厅,亦未能实行。

清 朝 的 赋 税

明初,定"黄册"、"鱼鳞册"之法。黄册载各户人口及当差丁数,
所有田地之数,据之以定赋役。鱼鳞册记土田字号、地形、地味,及
其属于何人,以便田地有所稽考,其法颇为精详。但到后来,两种册
子,都失实了。人户丁口,及其所有田地之数,都不能得实,赋役就
不能平均。历代的田赋,征收是有定额的。加赋还是有定限的。浮收
是事实问题。派人民当差,或折收实物、货币,则系量出为入,征收的
数目和次数,都没有一定。所以役的病民,更甚于赋。役的负担,是
兼论人丁和资产的。人的贫富不均,以丁的多少,定负担的轻重,本
非公平之法。况且调查不易得实,资产除田地外,亦是不易调查的。
于是征收之法,渐变为计算一年需用之数,并作一次征收,谓之"一
条鞭"。负担之法,名为专论丁粮,实则不查其丁,但就有粮的人,硬
派他负担丁税,谓之"丁随粮行"。丁税既不按人丁征收,所以各地方略有
定额,并不会随人口而增加的,清朝的免收新生人丁丁税,实在是落得慷慨。
许多无识的人,相信他真是仁政,那就上他的当了。实际上,变为加田税而
免其役了。所以到公元一七一二年时,清圣祖便下诏说:此后新生
人丁,不再收赋,丁赋之数,即以该年为准。如此,新丁不收赋,旧丁
是要死亡的,现有的丁税,不久就要无法征收了。所以世宗以后,就
将丁银摊入地粮,加田赋而免丁税,是赋税上自然的趋势,历代都是
照此方向进行的,至此而达于成功。"地丁"是全国农民的负担。此
外江、浙、两湖、安徽、江西、河南、山东八省,又有"漕粮"。初征本

色,后来亦改征折色。地丁、漕粮而外,重要的,要算关、盐两税。关分新、旧。旧关是明朝因为收为庙钞而设的,后来就没有撤废,所以又称"钞关"。新关是和外国通商之后,设立于水陆各口的。盐法,由有引的盐商承销,盐多引少,临时招商承销的,谓之"票盐"。各有一定区域,谓之"引地"。引地是看水陆运道,计行销之便而定的。每一区域中所销的盐数,则视其地的人口多少而定,两者都不能没有变更。而引地引额,却不能随之而变,于是官盐贵而私销盛了。"厘金"起于太平军兴以后,设卡多而征收的方法不一律,更为恶税。厘金是钦差帮办军务雷以诚在江北创行的。沿途设卡,凡商人货物过境的,照物价抽收几厘,故名厘金。嗣后各省仿行,至民国国民政府成立后,始行裁撤。

清末的宪政运动

清朝的政治制度,大体都是沿袭前代的,只好处闭关独立之世,不足以应付新局面。至于实际的政治,则当咸、同之间,清朝实已不能自立,全靠一班汉人,帮他的忙,才能削平内乱,号称"中兴"。这一班中兴将帅,本也是应付旧局面则有余,应付新局面则不足的;而清朝的中央政府,又极腐败;如此,国事自然要日趋于败坏了。戊戌维新,是清朝一个振兴的机会,不但未能有成,反因此而引起义和团之乱,人民对清政府就绝望,而立宪、革命的运动就日盛。立宪之论,起于拳乱以后。到日俄战争,日以立宪政体而胜,俄以专制政体而败,就更替主张立宪的人,增加了一种口实。清朝鉴于民气之盛,也就假意敷衍。于公元一九〇六年,下预备立宪之诏。公元一九〇八年,又定以九年,为实行之期。这一年冬天,德宗和孝钦后,先后死了,溥仪继立。其父载沣摄政。一班亲贵握权,朝政更形腐败,人民多请愿即行立宪。清朝勉强许将预备期限,缩短三年。再有请愿的，就都遭驱逐。又因铁路国有之事，和人民大起冲突，革命军乘机而起，清朝就要入于末运了。

【习题】

（一）清朝的相职如何？管理藩属的官，唤做什么？

（二）前代的御史台，清朝唤作什么名字？

（三）明时行省之制已废，为什么地方行政区域，大家还称他为省？清朝的外官，实际共有几级？

（四）对于本部十八省而外，清朝的官制如何？

（五）何谓学校科举合一？

（六）清代的读书人，为什么会固陋？

（七）何谓八旗、绿营、勇营？

（八）清朝的律，为什么称为律例？

（九）何谓充军？

（十）试述黄册、鱼鳞册之制？

（十一）何谓一条鞭？

（十二）何谓丁随粮行？

（十三）清朝免收丁税，算得仁政否？

（十四）何谓常关、新关？

（十五）人家称清代的盐法为"商专卖"，是什么理由？

（十六）试略述清末的宪政运动。

【参考】

本章可参看陈安仁《中国近代政治史》，商务印书馆本。

第十五章　清代之文化与社会状况

学 风 的 转 变

明末诸儒的学术，本有两方面：一是经世致用，一是读书考古。清朝处于异族专制之下，有许多社会上、政治上的问题，都不敢谈；而且从宋到明，士大夫喜欢闹意气，争党见，这时候，也有些动极思静了；于是经世致用之学，渐即销沉，而专发达了读书考古的一派。

清代的考据学

清朝所谓考据之学，是以经学为中心的。因为要读经，所以要留意古代的训诂名物、典章制度。古代不明白的事，经他们考据明白的很多。他们要求正确的古书，所以尽力于辨伪，尽力于校勘，尽力于辑佚，业经亡失、错误、窜乱的古书，经他们整理好的亦不少。他们的大本营虽在经，然用这一种精密的手段，应用于子、史等书，成绩也是很好的。清朝对于经学，是宗汉而祧宋的，所以其学亦称为"汉学"。但是汉学之中，仍有区别。清初如顾炎武等，还是兼采汉、宋，择善而从的，不过偏重于汉罢了。专以发挥汉人之说为主的，在乾、嘉两朝，实为汉学极盛时代。惠栋、戴震、钱大昕，为此时巨子。嘉庆年间，开始有人从汉学中，分别"今文"、"古文"之说；道、咸以后，主张今文，排斥古文的风气渐盛。汉朝的今文家，本是主张经世致用的，所以清学到末期，经世致用的精神，也就有些复活了。

清代的义理辞章之学

宋学在清代，也仍保守其相当的分野。人们对于讲考据的人，而称其学为义理之学；至于做文章的人，则称为辞章之学；俨然成为学术界上的三大派别。义理和辞章之学，声光都远不如考据之盛，这是风气使然。以古文著名的桐城派，创于方苞，成于姚鼐，都是安徽桐城县人。主张义理、考据、辞章三者不可缺一，立论颇为持平。以他自己的立场论，则在汉、宋之间，是偏于宋的；而其所长，则尤在辞章。在宋时，浙东一派学术，本是注重史学的。此风经明、清两代，还能保存。会稽章学诚，史学上的见解，尤称卓绝。和现代的新史学，相通之处颇多。清代的学术界，可以说是理性发达、感情沉寂的时代，所以其文艺，和历代比较起来，无甚特色。桐城派号称古文正宗，不过是学的唐、宋人，此外也不过或学周、秦，或学汉、魏；诗亦是如此，非学唐，即学宋。词则中叶的常州派，嫌元、明的轻佻成薄，而要学唐、五代、宋；书法则邓完白、包世臣嫌历代相传的帖，渐渐失真，而要取法北碑；都有复古的倾向，然亦不过摹仿古人罢了。

清代的社会状况

因为清代是一个动极思静的时代，所以其风气，是比较沉闷的。清朝的管彤（同）曾说："明之时，大臣专权；今则阁、部、督、抚，率不过奉行诏命。明之时，言官争竞；今则给事，御史，皆不得大有论列。明之时，士多讲学；今则聚徒结社者，渺焉无闻。明之时，士持清议；今则一使事科举，而场屋策士之文及时政者皆不录。"见管彤（同）撰

《拟言风俗书》。把明、清风气,两两比较,可谓穷形尽相了。清朝到后来,所以始终没有慷慨激昂,以国事为己任的人,以致建立不出一个中坚社会来,实由于此。此等风气,实在到现在,还是受其弊的。以上是指士大夫说。至于人民,则历朝开国之初,大抵当大乱之后,风气总要勤俭朴实些。一再传后,生活渐觉宽裕,贫富的不均,亦即随之而甚。明清时代,各省还有"贱民",在最低阶级,为"良民"所不齿的。如山西的"乐籍",广东的"蜑户",浙江的"丐户",清朝曾免去乐籍、丐户,使为良民。但如蜑户等,虽经解放,仍旧守其故俗。

【习题】

（一）明末经世致用的学术,到清朝而沉寂,道咸以后却又有复活的趋向,和时势有无关系?

（二）试述考据之学的优点。

（三）清朝的士气如何?

【参考】

本章可参看梁启超《清代学术概论》,商务印书馆本。

第十六章　清代之经济状况

闭关时代之经济状况

中国的经济状况,清朝是一个大转变的时期。鸦片战争以前,外人虽已来华通商,然输出入的数目并不大;输入的也不是什么必需品;所以当这时代,中国实在还保守其闭关独立之旧。此时的农人,是各安耕耨。他们的收入并不大,然而他们的支出,也是很节省的。工业:除较困难的,要从师学习,独立而成为一艺外,其余大都是家庭副业。出品并不甚多,行销的区域,也不很远。天产品亦系如此。所以当时的商人,除盐商由国家保护其专利,获利最厚外,只有典当、钱庄、票号等,资本较大,获利较丰。此外,亦不过较之农工,赢利略多,生活略见宽裕而已,并没有什么可以致大富的人。总之,生产方法不改变,社会的经济情形,是不会大变的。

五口通商后的经济状况

到五口通商以后,情形就大变了,外国的货物,源源输入,家庭工业和手工业,逐渐为其所破坏;又收买我国的原料而去,于是中国的农人,也有为外国的制造家而生产的,经济上彼此的联结,就渐渐密切了。资本主义,是除掉低廉的原料以外,还要求低廉的劳力的;而劳力也总是向工资高的地方而移动。于是华工纷纷出洋谋生,遂成为外国的资本和商品输入，而中国的劳力输出的现象，其初是很受外国欢迎的，后来又为其工人所妒，到处遭遇禁阻，于是中国人谋生的路更窄了。排斥华工，起于美国，其事在一八七九年，后来南洋亦有继起的。

清末的经济状况

资本主义，发达到一定的地步，是要将资本输出的。既要将资本输出，就要谋其所输出的资本的安全；就不免要干涉后进国的政治。于是资本主义，和传统的武力主义相结合，而成为帝国主义了。我国一通商，而沿海和内河的航权，即随之而俱去。（一）航业遂成为外人投资的中心。（二）又外国的银行，分设于通商口岸，亦能操纵我的金融。《天津条约》定时，实际上，外船早在沿海自由航行了。至中日战后，则（三）通商口岸，既得设厂；（四）又得投资于我国的路矿；（五）而各种借款，又多含有政治意味。于是我国的轻工业、重工业，都受到外力的压迫；就是政治，也不免要受其牵制了。我国对于新式事业，虽亦略有兴办。然如制造局和船政局，只是为军事起见。开平煤矿，大权旁落于英人。汉冶萍煤铁矿厂，因欠外债而深受日人的束缚。一个招商局，既不足和外轮竞争，铁路又多借外债。官私所办的纺织事业，亦因资本微末，技术幼稚，不能和外厂竞争，遏止外货的输入。再加以屡次战败，赔款之额，超过全年收入数倍，清朝光绪年间，全国的岁入，是七千万两。所以中、日之战的赔款，是当时岁入的三倍。庚子赔款四万五千万两，易成金款，实际上要加倍，那就十倍不止了。中国的借外债，是起于左宗棠征新疆时的。然自中日之战以前，所借甚少，且都随即还清。非借外债，无以资挹注；而借外债则既要负担利息、折扣，还要负担镑亏。国际收支，遂日趋于逆势，除掉华侨汇归的款项外，非靠外人投资，不能弥补；而外国资本，就竟以我国为尾闾了。

【习题】

（一）清代的经济状况，该以什么时代，画一个新旧的分界？

（二）中国的农村如何和世界经济，发生联系？

（三）为什么外国资本，中国劳力，会成功一种对流的现象？

（四）帝国主义，是如何发生的？为什么前代不会有帝国主义？

（五）压迫我国民族工业，不得发展的，是那几件事？

（六）何谓国际收支？

【参考】

本章可参看陈恭禄《中国近代史》页一〇至一六，又二一〇至二一七，又三二〇至三二六，又三九五至三九九（商务印书馆本）。

第十七章　本期结论

环 境 的 变 动

本期是中国历史起一个大变动的时代。从清室灭亡之日，追溯西人东来之初，为时约四百年。这四百年中的变动，比上一期的二千年，还要来得利害；而尤以五口通商后的七十年为剧烈。在这七十年以前，内而政治、风俗，外而对外的方针和手段，都还是前一期的旧观。到这七十年之中，就大变了，向来以天朝自居的，至此不得不纡尊降贵，和外国讲平等的交际。向来以为中国的学问，是尽善尽美的，至此而有许多地方，不能应付。对外则屡战屡败，而莫知其由。看了外国人所制的东西，只是觉得奇巧，而也莫名其妙。当鸦片战争之后，外力初突破闭关的局面时，真有这种惶惑无主之概。

适 应 的 困 难

所以这七十年中的失败，总而言之，可以说是环境骤变，而我国民族，还未能与之适应。譬如对外，中国向来是以不勤远略为宗旨的。因为从前既无殖民政策，除攻势的防御外，勤远略确是劳民伤财。然而外力侵削之秋，还牢守这种主义，藩属就要丧失，边疆也要危险了。又如经济，中国向来是以节俭为训条，安贫为美德的。在机械没有发明，生产能力有个定限的时代，自然也只得如此。然当外国货物源源输入，人民贪其"价廉物美"不得不买的时候，就非此等空言，所能抵拒外货，遏止"入超"了。诸如此类，不一而足。总而言之：是环境变动剧烈，而我们的见解，一时来不及转变。见解的转变，本来要有相当的时间，七十年的时间不算长；以中国之大，旧文化根底的深厚，受了几十年的刺激，居然能有维新运动、立宪运动，甚至于革命运动，去求适应，也并不能算慢。不过方面太多了，不容易对付，所以到如今，还在艰难困苦之中奋斗。

【习题】

　　（一）本期中那种发展，是照旧方向走的？那种现象，是新发生的？试举一两个实例。

　　（二）何谓适应环境？为什么变化到适应，必须经过相当的时间？试将别种科学和历史，互相证明。

【参考】

　　本章可参看陈恭禄《中国近代史》页九〇，九一又一二一又二四〇至二四六，又二五三至二五九，又二九一至二九四。

更新初级中学教科书
本国史 第四册

第四册进度表

第一星期	第二星期	第三星期
（现代史）第一章 革命的酝酿 孙中山先生 （又）同盟会成立 当时海内外的情势 同盟会的革命运动	第二章 清末的形势 革命军的起事 中华民国成立 清朝的灭亡 （又）临时政府北迁 第三章 俄蒙外交	第四章 二次革命 帝制运动和护国军 （又）英藏交涉 善后大借款

第四星期	第五星期	第六星期
（又）夏辟之变 护法之役 （又）北方的混战 南方的变乱（陈炯明的叛变）	第五章 二十一条的要求 （又）巴黎和会 华盛顿会议	第六章 国民党的改组 江浙直奉之战及段政府 （又）山东问题的解决 德奥俄三国新约

续　表

第七星期	第八星期	第九星期
（又）国民革命军的北伐	（又）关税自主的交涉　撤消领判权的交涉　租借地和租界的收回	第八章　最近的经济状况　最近的社会状况
第七章　训政的工作和宪政的预备　条约的改订	（又）东北的事变	（又）最近的经济政策　最近的文化

第十星期	第十一星期	第十二星期
（综论）第一章　历史与人类生活　民生为社会进化的重心　社会进化是历史的重心	（又）从怎样生活的到该怎样生活	第三章　中国文化的演进　中西文化的比较
第九章　现代史的性质　民族主义的成绩　民权主义的成绩　民生主义的成绩　成绩的总批评	第二章　中华民族的形成　中华民族前途的希望	第四章　国际的现势　吾国的地位　复兴运动

第四编　现代史

第一章　孙中山先生与革命运动

革命的酝酿

　　中国革命的酝酿，潜藏得是很久的。满清入关以后，汉人看似为其所压伏，实则革命的种子迄未尝绝。读《近世史》第七章，已可知道了。从西人东来以后，国人懔于民族的危机，愈见深切，因而发生许多反清的举动；至于"民贵君轻"之论，"不患寡而患不均"之说，"民为贵，社稷次之，君为轻"。见《孟子·尽心下篇》。"不患寡而患不均"。见《论语·季氏》。孔孟早发之于二千年以前，所以西洋的民主政体、社会学说，我们均极易契合。民族、民权、民生主义，在人人心坎中，久已潜伏

孙中山先生

着了。不过没有适宜的环境,不能发荣滋长出来;没有领袖的指导,其运动也不易入于正轨罢了。

孙 中 山 先 生

孙中山先生,广东香山县人。现在改为中山县,就是因纪念孙先生改名的。名文,字逸仙,中山是他的自号。他生于公元一八六六年,就是前清同治五年。他少有大志,怀抱民族、民权思想。公元一八八五年,中法战事起,先生鉴于政府的腐败,就决定颠覆清廷,创建民国的宗旨。公元一八九二年,在澳门创立兴中会,由少数的同志,联

孙中山先生伦敦蒙难之室

结会党,运动当地防营,以为革命的准备。会党虽以反清为宗旨,团结实甚散漫,当地驻军的思想更是腐旧不堪,所以成效很少。公元一八九五年,先生在广州谋起义,因运输军火事泄,不克。先生乃经檀香山赴美洲,和其地的会党连络,太平天国灭亡后,余党逃亡海外的很多,檀香山、美洲一带更盛。又赴欧洲。此时清朝已知先生为革命首领,其驻英公使,把先生计诱到使馆里,拘禁起来,想解送回国;先生感动了使馆里的侍役,把消息泄漏出去,英国舆论大哗,先生乃得释放。此即所谓伦敦蒙难。先生在欧洲数年,考察其国势民情,觉得单讲民族、民权,还不能"进世界于大同,畀斯民以乐利",乃重加民生主义一说。合民族、民权、民生而完成其三民主义。

同 盟 会 成 立

义和团乱起,先生分遣同志,谋袭广州、惠州,都不克。此时风气渐开,出洋留学的人渐多,尤群聚于日本;其中也颇有怀抱革命思

广州黄花冈七十二烈士墓

想的。一九〇五年，先生乃亲赴日本，改兴中会为同盟会。入会的人，很为踊跃。革命团体，到此才有中流以上的人士参加。有了这辈人参加，则可以文字运动；主义的传布，更易迅速而普遍；而且指挥组织，也都有人才了。所以先生说："到这时候，我才相信革命事业，可以及身看见其成功。"

当时海内外的情势

先是康有为从出亡后，就在海外组织保皇党，以推翻慈禧太后，使德宗重揽大权为目的。此时乃改而主张君主立宪，和同盟会为对立的机关。海内的立宪运动，已见《近代史》第十四章。然革命运动，气势亦颇盛；其以笔舌鼓吹的，则有章炳麟著《訄书》，邹容著《革命军》，都因此下狱，邹容竟死在狱中。谋以实力解决的，则有刘道一等的起事于萍、醴，刘道一亦是同盟会会员，但这一次举义，却不是同盟会发动的。清朝调苏、赣、湘、鄂四省的兵，才把他打平；又有安徽候补道徐锡麟枪杀巡抚恩铭，据军械局谋起事，事虽无成，清朝已为之胆落了。

同盟会的革命运动

同盟会的革命运动，最壮烈的，要算一九〇九年的河口之役，和一九一一年黄花冈之役。前一役初起事于钦州，因军械不足，退入越边，再从越边进兵，大败清军于河口，直迫蒙自，因无援而退。后一役则运动广东的新军，谋在广州起事，而党人组织敢死队，以为之领导。因事机泄漏，未能按照预定的计划行事。党人攻督署，事后觅得尸体，丛葬于黄花冈的七十二人，海内外闻讯震动。这时候，各

地方的人心，日益倾向革命，新军也多有受运动的。清室越发濒于
危亡。

【习题】

（一）试述中国革命的根原。

（二）孙中山先生的三民主义是怎样完成的？

（三）孙中山先生的革命，初期所利用的是什么人？ 到什么时
候，才有中流以上人士参加？

（四）当时孙中山先生而外，主张立宪的是什么人？ 主张革命
的是什么人？

（五）辛亥革命以前，重要的起义，共有几次？

【参考】

本章可参看赵景源《孙中山》，商务印书馆本。

第二章　辛亥革命与中华民国之成立

清末的形势

清朝从德宗和慈禧太后死后，格外失其重心。一九一一年，说是预备立宪组织责任内阁，而阁员十三人，当时内阁总、协理外，有外务、民政、陆军、海军、度支、学法、农工商、邮传、理藩十部，及军谘府。内阁总理庆亲王奕劻，是清末宗室中久握政权的。满族居其九；九人之中，皇族又居其五。人民称为"御用内阁"，不合立宪精神，请愿改组，遭清廷拒绝。又以铁路国有之事，与人民大起争执。其时国民鉴于外人攘夺我国的路权，实寓有瓜分危机，群谋收回自办。川汉、粤汉，都组有公司。粤汉铁路，清末本借美国合兴公司的款项建筑，因该公司逾期未曾兴工，乃废约收回自办。而清廷忽将铁路干线，都收归国有。人民起而争执，川省尤烈。清朝的四川总督，一味用高压手段，将代表拘押，群众驱逐。省城人民，聚众请求释放；外县人民，亦有续至的；彼竟纵兵残杀。清朝还要派满员端方，带兵入川查办，人心大愤。

黎元洪

革命军的起事

此时革命党人,鉴于屡次起事,都在边陲之地,不能震动全局,乃谋易地起义。武汉的新军,业已运动成熟,定于是年旧历中秋起事,旋改迟十日。未及期而事泄,清廷的湖广总督瑞澂,大肆搜杀。党人乃于十九日,即阳历的十月十日,起义于武昌。革命军既起,清朝的官吏,都逃走。革命军推黎元洪为中华民国军政府鄂军都督,收复汉口、汉阳。照会各国领事,各国都认我为交战团体。按国际公法,列国承认一国革命军,既为"交战团体"(Belligerency),即为尔后承认为合法的革命政府之先声,关系甚重。清廷闻变大震,即派陆军大臣荫昌,率近畿陆军南下。这"近畿陆军",原来是袁世凯在直隶时所练。辛丑和议定后,袁世凯任直隶总督,练新兵,共成六镇,后来第一、第三、第五、第六

武昌军政府

四镇,改归陆军部直辖,称为近畿陆军。世凯后入军机,溥仪立后,罢居彰德。荫昌无威望,不能指挥。清廷不得已,起用袁世凯督军。攻陷汉口、汉阳,然各省次第反正;停泊九江、镇江的海军亦响应。清廷以袁世凯为内阁总理,载沣旋罢摄政职,大权全入世凯之手。乃由英领事斡旋,两军停战,在上海议和。

中华民国成立

是年阳历十二月,孙中山先生从海外归国。二十九日,十七省代表,江苏、安徽、江西、浙江、福建、湖北、湖南、广东、广西、四川、云南、河南、山东、山西、陕西、直隶、奉天。公举先生为中华民国临时大总统。通电改用阳历,以其后三日,为中华民国元年元月元日,中山先生,即于是日在南京就职。中华民国于是成立。

孙中山先生就职后告祭明孝陵

清朝的灭亡

先是上海和议，议决开国民会议，解决国体问题。至是，清朝的代表，以和议失败，电清政府辞职。和议由袁世凯和中华民国的代表，直接电商。孙中山先生提出"如袁世凯赞成共和，则自己辞职，推荐袁世凯为临时大总统"的条件。袁世凯也接受了。其时清朝以吴禄贞为山西巡抚。禄贞屯兵石家庄，截留清朝运赴前敌的军火，虽然给清朝遣人暗杀，然满人中最持排汉主义的良弼，也给革命党人炸死。滦州的军队，既表示赞成共和；前敌将领，又有要带队回京，向亲贵剖陈利害的。清朝乃授权袁世凯，和民国议定皇室和满、蒙、回、藏优待条件，于二月十二日退位。从一六二二年明桂王被弑，清朝占据中国，共二百五十年而灭亡。

临时政府北迁

清朝既亡，孙中山先生即向参议院辞职，并推荐袁世凯。参议院即举袁为临时大总统，派人欢迎其南下就职。袁氏不欲南来，故意暗唆兵变，不能离开，乃许临时政府移设北京。参议院亦随之而北迁。当民军起义之后，各省都督府，曾派出代表，组织联合会议，议决《临时政府组织大纲》。参议院即是据此而设立的。至此，乃由参议院将《临时政府组织大纲》修改为《临时约法》，并制定《国会组织法》、《参众两院选举法》，据以选举、召集，于二年四月八日开会。

【习题】

（一）为什么以前的起义，不能震动中原，到辛亥革命就不然？

（二）铁路国有，是否是极坏的政策？为什么会因此而引起革命？

（三）辛亥革命，为什么各处响应得这么快？

（四）辛亥革命，可算得澈底解决否？试使当时不和北方妥协，竟用兵力征伐到底，其利害得失，较之当日如何？

【参考】

本章可参看陈功甫《中国革命史》。

第三章　民国初年之外交

俄　蒙　外　交

讲起民国初年的外交来，是很可痛心的，那便是俄蒙、英藏交涉，和大借款的成立。当民国纪元之前两年，日、俄订立新协约。据说别有密约，俄国承认日本并吞韩国，日本承认俄国在蒙、新方面的举动。果然，韩国于这一年为日本所并；而俄国于明年，亦就对清朝提出蒙、新方面的要求，并以最后通牒相胁迫。约未及订，而革命军起，清朝就更无暇及此了。清朝对于藩属，向来是取放任主义的，其末年，忽要试行干涉，而行之不得其法，遂至激起藩属的反对。因俄国的怂恿，遂乘辛亥革命的时候，公然宣告独立，驱逐驻蒙大臣，称大蒙古帝国日光皇帝。俄人和他订约许代他保守自治，而别订《商务专条》，攫取农工商业，和交通、通信上广大的权利。民国成立，舆论颇有主张征蒙的，这自然是空话，如何办得到？仍由政府以外交方式，和俄人磋商，到二年，才订成所谓《声明文件》。俄国承认中国对外蒙古的宗主权，中国承认外蒙古的自治权。所谓自治，就是中国不设官、不驻兵、不殖民。其范围，则以前清库伦办事大臣、乌里雅苏台将军、科布多参赞大臣的辖境为限。四年，根据此旨，订成《中俄蒙条约》。其呼伦贝尔，亦因俄人的要求，改为特别区域。中、俄订有条件：呼伦贝尔的收入，全作地方经费。军队只能以本地人组织；如有变乱，中国派兵代定，须知照俄国；并须事定即撤。中国人在呼伦贝尔仅有借地权。

英 藏 交 涉

中国的开放西藏，起于公元一八九〇年的《藏印条约》。是约把当印藏交通要冲的哲孟雄认为英的保护国。三年后（公元一八九三年）又订《藏印续约》，强辟亚东关为商埠。而藏人不肯实行，俄人乘机染指，藏俄日亲。会日俄战起，英遂于一九〇四年进兵侵入拉萨。达赖喇嘛逃奔库伦，英人迫班禅立约：（一）开放江孜、噶大克。（二）非经英国许可，不得许他国派官和驻兵。（三）土地、道路，及

达赖

其余财产,不得让与及抵押于外国或外国人。中英交涉再三,终因俄、德、美、意四国反对,于公元一九〇六年,再缔《修订藏印条约》,承认前《藏印条约》为附约。只认中国对西藏有宗主权。其时清廷因驻藏大臣为藏人所戕害,以赵尔丰为川滇边务大臣,将川边土司改流。又派联豫为驻藏大臣。联豫和达赖不协,电调川兵入藏。达赖逃奔印度,自此,反和英国人一起了。革命军起,藏人驱逐华兵。达赖回藏,宣告独立,藏番并进攻川边,川、滇出兵恢复,英人又提出抗议。中国不得已,停止进兵。三年,中、英、藏三方代表,会议于印度的西摩拉,订成草约:英国承认中国对西藏的宗主权,中国承认外藏的自治权。所谓内外藏的界限,则将红蓝线画于所附的地图上,中国对此项界线,不肯承认,此问题遂至今为悬案。

班禅

善后大借款

当前清末年，中国曾向英、美、法、德"四国银行团"，订借改革币制和东三省兴业借款，以各省新课盐税，和东三省烟酒生产、消费税为抵押。这是因为日、俄两国，在东北的势力，太膨胀了，所以想引进别国的经济，去抵制他们的。因革命军兴，其约遂未成立。民国既成，四国怕排除日、俄，毕竟不妥，又劝诱他们加入。日、俄提出借款不得用之满、蒙的条件，四国银行不许，交涉几次，乃决定将此问题，改由外交解决。而"六国银行团"遂以成立。对我提出的借款条件，极为苛酷，颇有干涉我国财政之嫌。美国政府不以为然，令该国的银行退出，于是六国团又变为五国。民国二年，二次革命将起，袁世凯急于需款，遂以关、盐余的全数为抵押，向"五国银行团"借得英金二千五百万镑。以四十七年为期，于北京盐务署设稽核所，用洋人为会办；各产盐地方设稽核分所，用洋人为协理。盐款非经总会办会同签字，不得提用。其用途则于审计处设外债稽核室，以司稽核。是为"善后大借款"。本来兴业的借款，变为政治借款；本来想借英、美、法、德抵制日、俄的，变为五国联合以对我了。

【习题】

（一）处于现在的世界，对藩属若取放任政策，则不能保护其安全；若取干涉政策，又要激起反抗；应用何法为宜？

（二）试述中、俄《声明文件》外蒙所谓自治权的解释。

（三）达赖喇嘛始而反对英国，连商埠都不肯开，后来反同英国人一气，当此情势转变之中，清朝该用何种手段对付？

（四）为什么英、美、法、德四国银行团，要劝诱日、俄两国加入？

（五）日、俄为什么不许将借款用在满、蒙？

【参考】

本章可参看王勤堉《蒙古问题》、《西藏问题》。

第四章　军阀政治与内战

二 次 革 命

　　袁世凯本不是真心赞成共和的,所以推翻清室,无非想帝制自为,所以才被举为总统,而反动的迹象,就逐渐显著。孙中山先生知道政治一时不会上轨道,主张革命党人,都退居在野的地位,而当时的党人,不能服从首领的命令。同盟会改组为国民党,由秘密的革命团体,变为公开的政党;和接近政府的进步党对峙。因组织内阁及外交问题,和政府屡有龃龉。二年,国民党理事前农林总长宋教仁,在上海车站遇刺。搜查证据,和国务院秘书有关。民党益愤激。时安徽、江西、广东三省的都督,尚系民党,袁世凯乃将其免职。于是民党起讨袁军于湖口,安徽、湖南、福建、广东、上海、南京,先后响应,袁世凯早有布

袁世凯

置,民党不久即失败。是为二次革命,亦称赣宁之役。

帝制运动和护国军

　　照《临时约法》规定,宪法由国会制定,《大总统选举法》系宪法

蔡锷

的一部分。二次革命之后，国会议先选总统，后制宪法。乃将《大总统选举法》提出，先行制定，据以选举。袁世凯遂被举为大总统。袁世凯被举之后，即解散国民党，取消国民党议员和候补人的资格。国会因之不足法定人数，袁世凯遂将其解散。并解散省议会，停办地方自治。旋开约法会议，将《临时约法》修改为《中华民国约法》，众称此为《新约法》，而《临时约法》为《旧约法》。将责任内阁制改为总统制。又设参政院，命其代行立法院职权。四年，北京有人发起筹安会，说是从学理上研究君主、民主，孰为适宜。通电各省军民长官，派员参与。旋有自称公民团的，请愿于参政院，要求变更国体。参政院建议，开国民会议解决。其结果，全体赞成君主立宪；并委托参政院，推戴袁世凯为皇帝。袁世凯即下令允许。而前云南都督蔡锷，起护国军于云南，通电宣布袁世凯政府伪造民意证据，率兵入四川。袁世凯派兵拒战，不利。贵州、两广、浙江、四川、湖南，先后响应。山东、陕西亦有反对帝制的兵。袁世凯不得已，于五年三月，下令将帝制取消。要求护国军停战。护国军要求袁世凯退位；并通电，恭承副总统黎元洪为大总统。彼此相持不决。六月，袁世凯病殁，一场帝制风波，才算了结。

复 辟 之 变

袁世凯既病殁，黎元洪入京继任，恢复《临时约法》和国会，国会再开。六年春,欧战已历三载。德国因形势不利,宣布无限制潜艇战争。我国提出抗议,不听,遂与德绝交。更谋对德宣战。国务总理段祺瑞,主持其力;而黎总统怀疑。《对德宣战案》,提出于众议院,有自称公民团的,包围议院,要求必须通过;阁员又有辞职的。众议院说:"阁员零落不全,宣战案应俟政府改组后再议。"时段祺瑞召集各督军、都统,在京开军事会议。各督军、都统,分呈总统、总理:指摘议员所定《宪法草案》不合,要求不能改正,即行解散。旋赴徐州开会。黎总统下令免段祺瑞职。各省纷纷多和中央脱离关系。黎总统令安徽督军张勋入京,共商国是。张勋带兵到天津,要求黎总统解散国会,然后入京,七月一日,突拥废帝溥仪复辟。黎总统避入日本使馆,下令由副总统冯国璋代行职务,以段祺瑞为国务总理。段祺瑞誓师马厂,以十二日克复京城。

护 法 之 役

京城既复,黎总统通电辞职。冯副总统入京,代行职务。当时国会解散时,广东、广西即宣告军民政务,暂行自主;重大政务,径行秉承元首;不受非法内阁干涉。及复辟之变既平,北方又有人主张:"民国业经中断,当仿元年之例,召集参议院。"不肯恢复国会。于是两广、云、贵,和海军第一舰队,宣言拥护《约法》。国会开非常会议于广州。议决《军政府组织大纲》:"在《临时约法》未恢复以前,以大元帅任行政权。"选举孙中山先生为大元帅。至七年,复将《组织大纲》修改:"设政务总裁;组织政务会议;以各部长为政务员,组织政务院,赞襄政务会议;行使军政府的行政权。"举孙中山先生等七人为总裁,推岑春煊为主席。北方则召集参议院,修改《大总统选举法》,选举徐世昌为大总统,于七年七月十日就职。先是南北两军,尝冲突于湖南之境，及徐世昌就职后，下令停战议和，在上海开和平会议。至八年五月而决裂。

北方的混战

九年，北方驻防衡阳的第三师长吴佩孚，撤防北上。先是北政府于六年八月，布告对德、奥宣战，以段祺瑞为参战督办，编练"参战军"。欧战停后改为"边防军"，仍以段祺瑞为督办。至是，段祺瑞改边防军为"定国军"。两军冲突于近畿。定国军败，段祺瑞辞职。是为皖直之战。皖直战后，曹锟为直鲁豫巡阅使，吴佩孚为副使；王占元为两湖巡阅使；张作霖为东三省巡阅使，兼蒙疆经略使，节制热、察、绥边区。十年，湖南的兵攻入湖北，吴佩孚将其打退，因代王占元为两湖巡阅使。十一年奉军驻关内的，和直军冲突，奉军败退出关。是为直奉之战。直奉战后，东三省宣布独立，徐世昌辞职，曹锟等请黎元洪复位，取消六年解散国会之令，国会在北京再开。十二年，北京军警，包围总统府索饷，黎元洪走天津。十月，曹锟当选为总统。

陈炯明的叛变

先是陈炯明以粤军驻扎于福建的漳、泉。九年，军政府主席、总裁及广东督军，通电取消军政府及自主。时中山先生在上海，通电否认。命炯明率军回粤，中山先生亦赴广州，重开国会。十年，国会议决《中华民国政府组织大纲》，选举中山先生为总统。于五月五日就职。这一年，粤军平定广西。中山先生设大本营于桂林，筹备北伐。明年，大本营移设韶关。因陈炯明怀异心，不接济军用，免陈官

职。炯明走惠州,使其部下包围总统府,实行叛变。中山先生避难
军舰,旋复到上海,陈炯明再入广州。这一年冬天,在广西的滇军和
桂军讨陈,粤军亦有响应的。陈炯明再走惠州。明年,中山先生回
粤,以大元帅名义,主持军政事务。

【习题】

(一)孙中山先生知道政治不上轨道,为什么反要退居在野的
地位?

(二)何谓《旧约法》、《新约法》?护法之役所护的,是那一种
约法?

(三)试举政客利用政治问题,以作政争之例?

(四)试述袁世凯死后,南北政府的更迭。

(五)何谓皖直、直奉之战?

【参考】

本章可参看拙撰《白话本国史》第五编第一章第二、三、四节,第
四章,第五章第一至第五节。

第五章　欧战后之外交

二十一条的要求

欧战起于民国三年，至八年而告终。当欧战之初，我国宣告中立。日本则借口与英同盟，派军攻陷青岛。日军的攻青岛，是从龙口上陆的。我国不得已，划龙口和胶州湾接近的一带为战区。日军又越出范围，占据胶济铁路全线；并据青岛海关。事后我国要求撤去，日本竟于民国四年一月十八日，对我提出五号二十一条的要求，二十一条的要求，分为五号。第一号：（一）承认日后日、德政府协定德国在山东权利、利益让与的处分。（二）山东并其沿海土地及各岛屿，不得租借割让。（三）许日本建造由烟台或龙口接连胶济的铁路。（四）自开山东各主要城市为商埠。应开地方，另行协定。第二号：（一）旅顺、大连湾、南满、安奉两铁路的租借期限，均展至九十九年。（二）日人在南满，得商租需用地亩，以三十年为限。（三）日人得在南满居住、往来、经营工商业。（四）日人得在南满开矿。（五）南满、东蒙许他国人建造铁路，或向他国人借款建造铁路，及以各项课税，向他国人抵借款项，均须先得日本同意。（六）南满、东蒙聘用政治、财政、军事、警察各顾问、教习，必须先向日政府商议。（七）从速改订吉长铁路借款合同。第三号：（一）汉冶萍公司附近矿山，未经该公司同意，不得准公司以外的人开采。第四号：（一）中国沿岸沿港湾及岛屿，概不得租借割让。第五号：（一）中国政府，聘用日本人为政治、财政、军事顾问。（二）日人在内地设立病院、寺院、学校，许其有土地所有权。（三）必要地方的警察，作为中、日合办，或聘用多数日本人。（四）由日本采办所需半数以上的军械，或在中国设合办的军械厂,聘用日本技师,并采买日本材料。(五)接连武昌与九江、南昌的铁路,及南昌、杭州间,南昌、潮州间铁路的建造权,许与日本。(六)福建筹办路矿,整理海口(船厂在内),如需用外资,先向日本商议。(七)允许日人在中国传教。其最后通牒,将第五号中,除关于福建业行协定外,余撤回,俟后日再行协议。并以最后通牒相胁迫。我国不得已,于五月九日,覆牒承认,旋订约二十五条。然日兵在胶济路的,仍未撤退。六年,又在青岛设行政署,并在济南、潍县设分署。七年,我国驻日公使,和日本订立《济顺高徐借款预备契约》,附以照会,许胶济路所属确定后,由中日合办。日本乃允将胶济路军队,除留一部分于济南外,余均撤至青岛,并允将所设行政署撤废,我国覆文中,有"欣然同意"字样,遂为巴黎和会失败的一大原因。

巴 黎 和 会

八年一月,欧战各国,开和会于巴黎。当我国参加欧战时,日本怕中国因参战而与协约国亲切,不利于彼继承德国在山东的权利之故,所以和英、法、俄、意订密约,以四国承认上项权利,为日本许中国参战的交换条件。至此,我国要求胶州湾由德国直接交还,日本则主张由德国交给他,再由他还我。因英、法已受密约拘束;我国的主张,遂至失败。消息传至北京,人心大愤,于是有"五四运动"。五号二十一条要求,系由陆征祥、曹汝霖与日本公使磋商;后由陆征祥与日使订立条约;"欣然同意"的覆文,则由驻日公使章宗祥送交。故当时北京专门以上学校学生罢课,要求罢免曹、陆、章三人(曹、章及前驻日公使陆宗舆)。他处学校继之,商店亦罢市,政府乃于六月十日,将三人免职(时曹为交通部长,章为驻日公使,陆为造币厂总裁)。我国要求对《和约》中山东条件,加以保留,不许;要求不因签字故,妨害将来的提请重议,不许。我国遂未签字于《对德和约》。后来由大总统以命令布告对德战争终止。对于《奥约》，则仍签字的。当议和之初，美国总统威尔逊氏，Woodrow Wilson。曾提出和平条件十四条，各国都认为议和的基本条件，其中有组织国际联合会一条。后来《国际联合会规约》，经各国同意，插入《和约》中，作为《和约》的一部，我国曾对《奥约》签字，故仍为国际联合会的一员。

五四运动上海罢市

华 盛 顿 会 议

十年，美国召集会议于华盛顿。与会的有中、英、法、意、荷、比、葡、日等国。会中所议，一为远东问题，一为限制军备问题。远东问题，成立《九国公约》，承认罗德氏四原则。时我国代表，提出大纲十条，美代表罗德氏（Elihu Root）综括为此四原则。又订《九国间中国关税条约》，许开关税会议。会议后由段政府召集，见第七章。我国要求取消领事裁判权，各国亦许派员调查。会议后由段政府召集，见第七章。又要求收回租借地,则英于威海卫,法于广州湾,均声明愿交还;惟英于九龙,日于旅顺、大连湾则均不肯放弃;五号二十一条案,亦经我国提出,日本准备取消第五号,并允交还青岛,由中国赎回胶济铁路。限制军备问题为成立《海军协定》,限制英、美、日的主力舰,为五∶五∶三比率,其满期,在一九三六年底。又由英、美、日、法四国订一协约,互认四国在太平洋所占岛屿、领土、属地之地位。英日同盟,即因此约而取消。

罗德氏四原则
- 尊重中国的主权独立,和领土及行政的完整。
- 给中国以完全无碍的机会,以发展维持稳固的政府。
- 确立并维持工商业机会均等的原则。
- 不得利用现状,攫取特殊权利,并不得奖许有害友邦安全的举动。

山东问题的解决

当《巴黎和约》签字后,日本认为胶州湾问题,业经解决,即照会我国,要求办理交收事宜。我国舆论,主张提出国际联合会。政府遂拒绝日人,未与直接交涉。华盛顿会议既开,乃由英、美调停,在会外交涉。英、美都派员旁听,其结果:胶济路由我发国库券赎回,以十五年为期。胶州湾由我国宣告开放。至二十一条问题,则由两院通过无效案。十二年,由政府照会日本,声明废弃。

德奥俄三国新约

欧战以后,我国对德、奥、俄三国所订条约,都是平等的。但俄约的权利,我国仍未能享受。德约在十年,奥约在十一年,都将关税协定、领事裁判等不平等的条文取消，俄约则最迟延。先是俄国自六年革命以后，为各国所封锁，深愿得一国与之亲交，曾于八年九年，两次宣言，愿放弃旧俄政府用侵略手段在中国所取得的一切权利。中国因与协约国取一致态度，未能与俄进行交涉。外蒙从欧战以后，即失所倚赖；俄国革命以后，更备受骚扰。八年，乃吁请取消自治。呼伦贝尔的特别区域，亦随之而取消。九年十一月，白俄军陷库伦，我国未能收复。至十一年，乃为赤俄所陷。外蒙先已在恰克图设有政府，至此，遂移于库伦，推活佛为皇帝。后来活佛死，外蒙就不再立君了。其《中俄解决悬案大纲》，则直到十三年才成立。协定：（一）俄国放弃帝俄时代所得的特许和特权。（二）取消领事裁判权（三）和关税协定。（四）东省铁路许我赎回。（五）承认外蒙古为我国领土的一部分。协定签字后一个月，开会解决赎回东省铁路，外蒙撤兵问题。然此会迟至十四年八月始开，又因东三省独立，一切事无从议起。俄人乃别和奉天订成《奉俄协定》，而中央对俄的交涉，始终未有结果。

【习题】

（一）当英、日攻青岛之时，我国劝告德国，将青岛交还我国，英国能满意否？日本能满意否？

（二）我国不急求日本撤兵，及取消所施民政，索性留待后来作总解决，其结果是否能较佳？

（三）何谓秘密外交？试从本章中找出一个例子来。在国际公法上成立一条："凡一切秘密外交，都作为无效。"好否？

（四）何谓五四运动？

（五）我国不签字于《对德和约》，意义若何？

（六）我国以何种手续，取得国际联合会一员的资格？

（七）试述罗德氏四原则。

（八）罗德氏四原则，和门户开放主义，是否相合？

（九）据《海军协定》，英、美、日的海军比例如何？

（十）山东问题，是怎样解决的？胶济路的赎回，该在那一年？

（十一）我国对德、奥、俄三国的条约如何？

（十二）为什么我国对俄约的权利，依旧未能享受？

【参考】

　　本章可参看唐庆增《中美外交史》，陈博文《中日外交史》，均商务印书馆本。

第六章　国民革命之经过

国民党的改组

二次革命失败后，孙中山先生又组织中华革命党，以三年七月成立。其本部设于日本的东京，以扫除专制政治，建设真正民国为目的。袁世凯死后，本部移于上海。八年，改为中国国民党。十二年，中山先生决定"以国民造党，以党建国，以党治国，然后还之国民"之义，乃将国民党改组。十三年一月，开第一次全国代表大会。发表《宣言书》及《建国大纲》。会中推中山先生为总理。并议决将大元帅府，改组为国民政府。

江浙直奉之战及段政府

是年九月，江浙、直奉战争复起，南方亦出兵北伐。孙传芳自闽入浙，浙军败退，而冯玉祥、胡景翼、孙岳在北方组织国民军，入北京。吴佩孚自海道南下，经长江至湖北，入豫南。奉军入关，并南据江苏。冯玉祥、张作霖共推段祺瑞为临时执政。段祺瑞邀孙中山先生北上，共商大计。中山先生主开国民会议，解决时局。议未能行。当时段执政亦拟先召集善后会议，以解决时局纠纷；次召集国民代表会议，以解决根本问题。孙中山以其两会议，人民团体，无一得与，故不赞成。中山所主张的国民会议，系现代实业团体、商会、教育会、大学、各省学生联合会、工

段祺瑞

会、农会、政党及反对曹、吴各军组成。十四年三月十二日，中山先生卒于北京。段执政以张作霖为东北边防督办，冯玉祥为西北边防督办。后又以冯玉祥督甘肃。直隶、山东、江苏、安徽的督理，当时裁督军，管理各省军务的，都称"督理某省军务善后事宜"。亦均奉军中人。是年十月，孙传芳自浙江入江苏。江苏、安徽的奉军均退走，吴佩孚亦起兵于湖北，攻奉军于山东。冯玉祥与奉军战于直隶。驻关内的奉军郭松龄，又回军出关，因中途受阻碍败死于巨流河。直隶的奉军走山东，和山东的奉军，合组为直鲁联军。吴佩孚旋与奉军合攻冯玉祥。十五年三月，冯军退出北京，段执政走天津，直、奉二军，又合攻冯军于南口。冯军退向西北。

国民革民军的北伐

国民政府以十四年讨平东江，又平定广东全省，广西亦来归附。乃组国民革命军，十五年，以蒋中正为总司令，出兵北伐。时湖南军队，有归附国民政府的，亦有仍附北政府的。国民革命军先入湖南，击走其地的北军，遂入湖北，败北军于汀泗桥，克武、汉。左军下荆、沙。右军入江西。至十一月而江西毕定。留守东江的兵，亦定福建。国民革命军乃以湖南、湖北的兵入河南；命福建的兵入浙江；在江西的兵，分为江左、江右两军，沿江东下。十六年二月，江左、江右两军，和入浙江的军，会于南京。时冯玉祥亦自甘肃经陕西出潼关。

五月，与入河南的兵，会于开封。这时候，国民革命军的兵势，已极顺利，而清党事起，北伐因之停顿。直军曾以其间，攻占扬州、浦口，并渡江据龙潭，为国民革命军所击退。十七年一月，蒋中正再起为北伐军总司令。四月，连下兖州、泰安，五月一日，入济南，三日，惨案作，日军据济南。日人于十六年，即以保侨为名，运兵到山东，后因北伐停顿撤退，此时又调兵到济南。五月三日，和我无端开衅，将我徒手军民杀死无数，并闯交涉公署，杀死交涉员蔡公时。我军为避免枝节起见，大部退出济南，只留一团驻守，日兵又用大炮攻城。初十日，我军奉命退出。十一日，日兵遂入城占据。并将津浦路截断。胶济路沿线二十里内的行政机关，亦均被占据。直至十八年三月间，才定议撤兵，至六月间，才实行撤退。我军乃绕道德县北伐。六月三日，张作霖出关，四日，至皇姑屯遇炸，至十二月而东三省通电服从国民政府，北伐之事，至此告成。

蒋中正

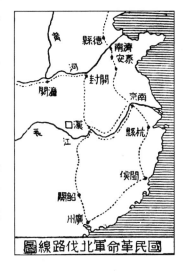

國民革命軍北伐路線圖

【习题】

（一）试述二次革命以后，孙中山组织党的始末。

（二）何谓"以国民造党，以党建国，以党治国，然后还之国民"？

（三）国民政府，系何时议决改组？

（四）何谓江浙、直奉之战？其结果如何？

（五）段祺瑞为执政后，北方的形势如何？

（六）国民军北伐以前，北方有何战事？

（七）试略述国民军北伐的经过。

（八）何谓五三惨案？

（九）何以张作霖被炸后，东三省即服从国民政府？

【参考】

本章可参看陈功甫《中国革命史》，商务印书馆本。

第七章　国民政府成立后之内政与外交

训政的工作和宪政的预备

中山先生的革命方略,系军政、训政、宪政三时期。军政时期,由党取得政权。训政时期,代国民行使政权。宪政时期,则还政权于国民。在训政时期中,代人民行使政权的为国民党;行使治权的,为国民政府。国民政府,以十四年在广东组织成立。十六年四月,迁都南京……北伐于十七年完成。然十八、十九两年,两湖、两广,和河南、山东,仍有战事;党务亦有纠纷;幸皆渐告平定。《国民政府组织法》,系十七年制定。五院的组织,逐渐告成。二十年,又制定《训政时期约法》。依《建国大纲》所定的程序,是要县的自治完成,省的宪政才开始,全国中有过半数的省,开始自治时,才得召集国民大会,议决宪法选举政府。然近年亦有主张提早召集国民大会的。二十四年,第五次全国代表大会宣言:"国民大会,尽二十五年年内召集。"旋经第五届第一次中央全体委员会议决:《宪法草案》,于是年五月五日公布,国民大会,于十一月十二日开会。"

条 约 的 改 订

废除不平等条约,为国民党重要的政纲。国民政府奠都南京后,即发出此项宣言。十七年,又照会各国,拟定改订的办法三条。

旧约期满的，当然废除重订。未满期的，以相当手续，解除重订。已满期而未订新约的，另定临时办法。嗣后改订的，已有许多国。至于公约，我国参加的亦很多，尤以十七年所签订的《非战公约》为重要。此约初发起于美、法二国间，后来扩大之而及于全世界，约中订明各缔约国所起纠纷，不问其原因及性质如何，概不得用和平以外的方法解决，批准的共有五十余国，日本亦是其中之一。

国民政府所订条约	
十七年	比利时，意大利，丹麦，葡萄牙，西班牙
十八年	波兰，希腊
十九年	捷克，法兰西（《越南通商专约》）
二十三年	土耳其

关税自主的交涉

我国关税改革之议，起于《辛丑和约》后和英、美、日、葡等国所订的商约。因赔款太重之故，许我于裁厘后，加抽入口税至百分之一二·五，出口税百分之七·五；并得加收出产、消场、出厂三税，以为裁厘的抵补。后来裁厘延未实行，加税亦遂成空话。华盛顿会议，我国提出关税自主案。然《九国间中国关税条约》，仍只许开一会议，筹画实行《中英商约》而已；其后此会由段政府于十四年召集。我国又提出关税自主。各国承认其原则，许我国定税率，于十八年一月一日施行，而我国政府宣告于同日裁厘。国民政府首与美国订立《关税条约》，申明前此各约中，关涉关税的条文作废，应用自主的原则,后来德、那、荷、英、瑞、法六国的关税条约,先后订成。比、意、丹、葡、西五国的商约,亦有相同的规定。政府乃于十八年二月,将段政府所定七级税则,实际得各国承认的,先行公布。二十年一月,裁厘告成,乃废七级税,另行制定税则。关税自主,在形式上就算完全实现了。但是实际运用的毫无障碍,还是要看外交上全局的形势啊! 我国初废七级税时,所订税则,最得保护本国产业之意。其时惟中日间有关税协定,日货进口,课税有极轻的。二十二年五月,因关税协定,业经期满,乃加以订正。然二十三年七月间所颁布的新税则,反失掉保护之意,这就是受外交别一方面的牵掣呀!

撤消领判权的交涉

撤消领判权的交涉,亦是起于辛丑后的商约的,外人许俟我法律和司法制度改良后实行。华盛顿会议,我国将此案提出,各国允派员调查后再议。其后此会亦由段政府于十五年召集。调查的结果,仍以缓议为言。国民政府所订条约,意、丹、葡、西均定十九年一月一日放弃,比约规定另订详细办法。各详细办法,尚未订定,而各国有过半数放弃,则比亦照办。五约均附有(一)内地杂居,和(二)彼此侨民捐税,不得有异于他国的条件。此案因东北事变,迄今未能施行。惟墨西哥于十八年十一月,自动申明将领判权放弃。二十六年,开第六届三中全会,中委张继、覃振等提议,谈判撤废领判权,已由国府饬主管机关照议进行。

租借地和租界的收回

租借地在华会中,英于威海卫,法于广州湾,均声明放弃,后来威海卫于十九年四月间交还,广州湾则法人尚在观望。租界:德、奥、俄在天津、汉口的租界,业因条约改订而收回。当十四年五月间,上海日人所设棉织厂停工,工人要求复工,日人遽开枪将工人枪杀,学生因此游行演讲,为公共租界捕房所拘捕;群众要求释放,捕房又开枪轰击,死伤多人。此即所谓"五卅惨案"。并延及汉口、重庆,及广州的沙基等处。民气大为激昂。国民军到达长江流域,英人乃将九江、汉口租界交还,后来比于天津,英于镇江、厦门,亦自动将租界放弃。

我国现存租界表					
上海	公共,法	重庆	日	芝罘	公共
苏州	日	广州	英,法	天津	英,法,日
杭州	日	福州	日	营口	英,日
汉口	法,日	厦门	日	沈阳	日
沙市	日	鼓浪屿	公共	安东	日

东 北 的 事 变

外交中最可痛心的,为东北的事变。十八年七月,我国因撤换东省铁路职员,和俄国起有纠纷,俄军侵犯吉、黑,旋将东路回复旧状,而两国的邦交,则至二十一年十二月才恢复。民国二十年九月十八日,日兵占据东三省,二十一年一月,又和我国在上海开衅,至五月间,才成立《停战协定》。明年三月,日军陷热河,侵犯长城一带,亦到五月末,成立《塘沽协定》,战事才终止。二十三年三月,日人遂拥立溥仪于长春。此项交涉，直到现在还未了结。

【习题】

（一）中山先生的革命方略，何以要分军政、训政、宪政三时期？

（二）试述关税自主的经过。

（三）何以说"关税虽然自主，实际运用，还要看外交全局形势"？

（四）试述撤消领判权的经过。撤消领判权，为什么迄今未能实行？

（五）何谓五卅惨案？

（六）试约集同志，大家合力，搜集材料，做一篇东北事变记，保存着。

【参考】

本章可参看吴昆吾《不平等条约概论》，商务印书馆本。

第八章 最近之文化经济与社会状况

最近的经济状况

谁都知道：现代国家的盛衰强弱，是以经济为其根本的。我国最近的经济，却是怎样呢？我国因生产方法落后，以致备受帝国主义的剥削，这已非一朝一夕之故了。可是到近二十余年来，而此等情势，更为恶劣。近二十余年，因为内战不息，以致一切实业都走不上振兴的路；而旧有的反更遭破坏。欧战时代，日本、美国，都因此大获其利，我国则仍未能挽回入超的颓势。欧战以后，反而备受各国倾销之害；而尤以一九二九年世界大恐慌爆发后为甚。农业：因兵燹的破坏、水旱的频仍、租税的苛重，出口的农产品，既因世界恐慌而减少；外国的农产品，反要侵夺我们的市场；遂至全国的农村，都沦于破产的景象。工业：旧有的既遭破坏，新兴的，必备受外国及外人在我国境内所经营的工业压迫，不论轻工业、重工业，都陷于困苦挣扎之中。我国现在的轻工业：纺织事业，受日本的倾挤最甚；卷烟制造，受英国英美烟公司的倾挤最甚。煤，日本人所开抚顺煤矿，名为合办而实在是日人所独占；英国人所开开滦煤矿行销最畅，也是大权属于英人；我国人自开的煤矿，反不容易和他们竞争。生铁的出产，像大冶铁矿等差不多全和日资有关系；而且我国铁的储量，有百分之七十五在辽宁，又有百分之九在察哈尔，这是我国前途最严重的问题呀！沿海航业，外国船舶，有百分之九十强；长江中亦超过百分之六十。铁路既多欠外债，航空亦系和外国合办，中国航空公司，是中、德合办，德资居三分之一。凡外力所及的通商口岸都有较便利的交通连结着，而内地则直到最近，才开辟公路，而国货亦渐次兴起。并且国民政府，于十八年，自动取消厘金，收回关税自主权，是对外亦有进步了。

重要输入品 {
米，麦，面粉，砂糖，海产。
纱布，人造丝，毛织品。
药品。
卷烟。
木材。
煤油。
五金，机械。
纸张。
}

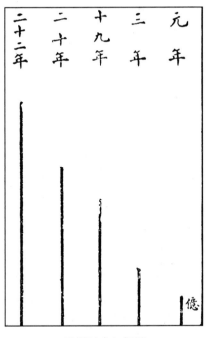

民国以来入超图

最近的经济政策

中山先生的民生主义，是包含平均地权、节制资本两大中心问题。而节制资本之中，又包含节制私人资本，和发展国家资本两义。平均地权一项，近来政府对土地有强制征收，或实行征收地价，也算一端。对于佃农，定了二五减租之法。此案系十五年国民党所提出。原意谓减百分之二十五。其后各地解释，颇有歧异。有地方，先将农产物减去百分之二十五，再将所余的七十五，由业主佃户平分。有地方，先将收获量平分，即业主佃户各得百分之五十，再从业主所得的五十分中，减去其二十五。浙江是照前法行的。其余各地方减租之事，实在并没有普遍实行。近来又设立农民银行，提倡合作事业，希冀农困的渐舒。节制资本，一时也谈不到，因为现在正是苦于无资本呢！不过全国劳动大会，十一年在广州业已召开，后来又开过两次。十六年国民革命军北伐，达到长江流域时，各地方的工会，风起云涌，组织最盛。后来因其不能尽上轨道，又逐渐加以整理。关于劳动的法规，亦已颁布多种。其重要的，为工会、工厂、工厂检查、劳资争议处理、团结协约等法。政府并提倡国民经济建设运动，于二十年，设立全国经济委员会。各省设分会，研究救济农村，发达商工，改良物产。实行兴水利，开公路，整理棉业茶业，建筑谷仓，已有成效。又于二十四年十一月四日，颁布法币政策。现银集中，专用纸币，不但货币数量的伸缩可以自由，币价易于稳定；而且外汇专由国家所指定的银行办理，则某种货物，我们要限制其进口的，就可以限制商人购买外汇，入超就可减少；而国币价值，不至较外币为高，输出又可以增加了。至于利用外资，一时也还不易着手。但是二十年全国经济委员会设立以来，业经国际联合会行政院，许我技术合作，连年委派专家来华，业已帮助我们不少。世界各国,在这不景气的局面下,其困苦都是和我们一样的;而我国疆域的广大,天产的丰富,人口的众多,国民性质的勤俭,在世界上都是数一数二的;而又值各国经济,既经发达之后,可以利用其最新的技术,防止其已有的流弊;一时虽然困苦,将来实在是有很大的希望的啊!

【习题】

（一）试略述现在农工商业的状况。

（二）现在社会上矛盾的情形,就你所知的,举几条实例出来。

（三）何谓二五减租?

（四）我国曾开过劳动大会没有?

（五）何谓通货管理? 通货管理,何以能使币价稳定? 在通货管理之下,如何购买外汇?

（六）我国为什么要和外国技术合作?

（七）怎见得现在社会的不安,全是一个文化转变的问题?

（八）科学方法,和常人思想不同之处,试举其实例。

（九）怎样才算得民治主义? 试就眼前的事情,举一个实例。

（十）为什么民治主义,一定要教育普及?

（十一）埋头研究学问,怎会于国事有益?

【参考】

本章可参看《中国经济现势讲话》,《申报月刊社丛书》第八种。

第九章　本期结论

现代史的性质

自西力东侵以来，中国历史，就发生一个大变局，这是谁都知道的了。可是其中又当分为两期：自五口通商以来，为我国饱受外国压迫的时代。从革命运动发生以来，则为我国受外力压迫而起反应的时代。我们革命的成绩，是怎样呢？我们试自己检查检查看。

民族主义的成绩

从近代以来，中国的民族主义，受着两重的压迫：一是清朝的专制，一是列强的侵略。从辛亥革命以来，专制的压迫，可算是摆脱掉了。至于列强的压迫，则现今仍在挣扎苦斗之中。从前清末年，我们就是靠着列强的均势以偷安的。民国初年，还是这个趋势。可是四国团变为五国团，已经有些协以谋我的现象了。欧战以后，更并这最小限度的均势，而亦不能维持。于是有"五九"的国耻。一时外交上的形势，紧张到极度。华盛顿会议时代，似乎要宽弛些。从世界大恐慌爆发以来，列强都无暇他顾，而最近形势的严重，又远过于"五九"时代了。民族的危机，是没有人能毂援助我们的，只有靠我们自己奋斗呀！

民权主义的成绩

中国行专制政体数千年，辛亥革命，几于兵不血刃，不过百日，就给我们推翻；以后虽有帝制、复辟等反动，亦都不崇朝而败。军阀的混战，凡不得民心的，亦无不以失败终；这真是民意的发挥，算得世界革命史上的奇迹了。但是我国的民权，在消极方面，虽已能充分发挥；在积极方面，即进而运用四权，参与国事，则还正在训练期中，凡我国民，都不可以不勉。

民生主义的成绩

民生主义，在将来是可以发生惊人的成绩的。因为我们可以利用资本主义的长处，而避掉他的短处了。可是现在，我们还正在艰苦奋斗之中。我们当这内忧外患交迫、天灾人祸迭乘的时候，我们还能毂很坚苦的维持其生活，我们的一切事业，实际仍在进行。对外的不平等条约，当以关税协定为最甚，我们在短时间内，居然将其解除。技术合作，也已在开始。我们看似困苦，实已走上光明的路了。

成绩的总批评

我国的全面积，大于欧洲；我国的人口，居世界四分之一；愈是进化的社会，其内部的情形，就愈复杂，短时间如何整理得来？古语说的好："大器晚成。"正惟晚成，才成其为大器。况且区区二十余年的时间，在历史上论起来，算得什么？我们回顾已往的成绩，我们要自壮,不要自馁。

【习题】

（一）试将中国革命以来所获得的成绩,根据本编列为一表。

（二）何以见得大器晚成? 试根据科学,就所知的,作一个证明。

（三）自信力与虚侨之气是如何区别的? 我国民现在,怎样算有自信力? 怎样算是虚侨之气?

【参考】

本章可参看黄尊生《中国问题之综合的研究》,启明书社本,天津大公报馆代售。

第五编 综 论

第一章 历史与人类生活之关系

历史与人类生活

历史是记载社会进化现象的，而社会的进化，不外乎人类生活的转变。所以孙中山先生说："民生为社会进化的重心，社会进化为历史的重心。"

民生为社会进化的重心

人类从用石进化到用铜、用铁，从采拾食物进化到渔猎、畜牧、农耕，再从农耕进化到工商时代。人类由家族而成民族，由部落而成国家，种种组织，都离不开社会。一言以蔽之：是人类要求生存，才有种种进化，而且离开社会，就不能彀生存。

社会进化是历史的重心

封建时代，列国分立，秦始皇把他统一。汉武帝更开拓疆土，东南到海，西过葱岭，北过大漠。唐初武功，称雄东亚。明朝派三保太监郑和遍历南洋、印度洋，直到非洲东岸。中国声名从此很远。但须知那时的中国社会，大有进步，才能在历史上显著光荣。所以社会进化，为历史的重心；有进步的国民，才能使社会进化。

从怎样生活的到该怎样生活

从前的人，以为历史不过记载伟人的事迹，与大多数国民无干。殊不知有怎样的社会，才能有怎样的人物。孔子若非生于周代文化最盛之时，岂能成为博学的大圣人，为儒教之祖？如来若不生于印度，或者那时印度文化不发达，岂能创立一种伟大的宗教，传布到中国来？所以伟人只是时代的产物。固然，伟人的能力，超过常人数十百倍，不是社会进化已经达到一定的阶段，伟人亦是无可成其伟的。伟人只是时代的结晶。了解了该时代的社会，就什么都了解了。旧见解的纰缪，在于不知道古今社会的变迁。他们总以为古今的社会，是一样的；一切不同的事，只是几个特殊的人做出来，倒像不同的人，在同一舞台上做不同的戏一般。如此，就要摹仿古人，演成时代的错误。从西力东侵以来，我们这种错误，不知道闹过多少次。你们试想想看：从你们有知识以来，社会上的现象，有什么改变没有？你们或者年纪小，或者生在偏僻地方，觉不着什么；试问问年纪大的人，据他们的经验，社会上的现象，有什么改变没有？吃的东西，价格腾贵么？衣服的式样变换么？住的房子怎样？交通的器具和路线怎样？人情风俗又怎样？这许多，固然是一事一物之微；一个人所看见的，也只是社会的一小部分；然而社会全体的变动，就是一事一物之积；就部分，就可以推想出全体来。社会是变了。社会是时时刻刻在变的，拘守老法子，是不对的。该走什么路呢？社会为什么要变，必有其所以然之故。看清这所以然之故，应付的方法，就出来了。所以然之故是要从事实上看出来的，所以史学是社会学的根柢。

【习题】

（一）到底是时势造英雄，还是英雄造时势？

（二）试举几个时代错误的实例。

（三）明白了原理，应付的方法，就自然明白。试举几个实例。

【参考】

本章可参看何炳松《历史研究法》，商务印书馆本。

第二章 中华民族之逐渐形成与前途

中华民族的形成

中华民族,是怎样形成的? 我们试追溯到历史上。我们最初,只是黄河流域的一个民族。我们进而将其他民族同化。我们再进而开拓长江流域,我们再进而开拓辽、热、察、绥,我们再进而开拓粤江流域。中华民国大一统的规模,就于此确立。自此以后,为我所同化的:北有匈奴、鲜卑、突厥;东北有女真、蒙古;西北有深目高鼻的西胡;西南有氐、羌、笛(狄)、猺、猓猡等高地民族。每经一次同化作用,我们的疆域就扩张一步。我们的文化,亦时时兼收异族之长。

新疆缠回即历史上之西胡

我们吃西方来的瓜，我们着南方来的棉。我们会坐胡床，我们会玩胡琴和羌笛，我们也崇拜从西方来的胡天。我们吸收、融化了这些，而仍不失其为我。天下只有能兼容并蓄，是伟大的；只有能兼容并包，而仍不丧失其自己的，是伟大的。诚然，中华民族是伟大的。

中华民族前途的希望

中华民族，已往的事迹，留于历史上的，已显著光荣。但在将来，更有很大的希望。为什么呢？凡是一国的兴亡，全视国民的强弱，国民能振奋则强，倘堕落就弱。像古代的罗马大帝国，强盛的时候，全部欧洲和非洲北部、亚洲西部，都在其统辖之下。只因罗马人民，因强盛而奢侈、放纵，贪佚乐，怕当兵，养成懒惰的社会，外族交侵，罗马大帝国从此瓦解而灭亡。自古以来，文化最早曾经强盛的民族，因国民堕落而衰亡的，不知其数。我中国有五千年的文化历史，国民向以勤俭耐劳著称，又有孔子诸圣贤著书立说，劝导国民，力戒贪乐懒惰，要奋发有为，崇道德，求知识。如此则国民元气常新，已往历史上的强盛，可以复见了。

【习题】

（一）如何算能取他人之所长，而又不失其为我？

（二）怎样说"世界上有许多文化不同的民族，反是于世界进化有裨益的"？

【参考】

本章可参看拙撰《中国民族演进史》第一，又第八至第十章，亚细亚书局本。

第三章　中国文化之演进及其未来

中国文化的演进

中国的文化，是怎样演进的呢？中国古代的文化，是以农业社会的文化，为其根柢的。其对内对外，都极和平。这就是孔子所谓大同世界。同时，我们因立国大陆，对四围民族的斗争，极其剧烈，所以我民族又发达了武德。看古人多少慷慨激昂的举动，就可以知道。同时，我国因所处环境的优良，和我国民族天才的卓越，又发达了高深的学术。至周秦之际，诸子百家，争奇竞秀，而达于极点。这是我国固有的文化。秦、汉以后，我国和异族接触更多。异族的文化有能裨益我们的，我们也都把他吸收着。其中关系最大的，尤其要推印度，从南北朝到隋唐，正是我国努力吸收印度文化的时代。到宋朝以后，我国的旧文化，就要和印度输入的文化相调和，而别生一种新文化了。宋学的精微奥妙之处，确能吸收佛学之长，而其切于民生日用，则仍不失我国固有文化的特色。

中西文化的比较

我国现在的文化，比起西洋来，似乎自愧弗如了。然而西洋文化之所长，只是自然科学的发达；他们现在的社会科学，固然也极精深，然而都是自然科学发达了，借用其研究方法的。所以说到根本，西洋近来的发达,还是受科学之赐。而自然科学的发达,乃是特殊的环境使然,并不是在先天上,他们有什么特长。这话怎说呢? 科学在粗浅之处,是世界上任何民族,都懂得的;所争的,只是发达与不发达。欧洲的海岸线,是很曲折的,因此他们长于航海,海外的贸易就兴盛。输出之物,求过于供,就不得不想到用机器代人力。机器的使用广了,自然研究的人多;研究的人多,发明就多了。所以我们现在,似乎比西洋人落后了许多,而推其相异之由,实在只差得初的一步。迎头赶上,决不是难事。

【习题】

(一) 怎见得中西的文化,将来一定要因接触而至于融合?

(二) 没有偏狭的国家主义和民族主义,于竞争上,还是有利的? 还是不利的?

(三) 怎样是伦纪的维系? 怎样是政治的团结?

(四) 怎见得西人长于科学,不是他们民族的天才?

【参考】

本章可参看梁启超《中国之武士道》序。张其昀《中国民族志》第八章,商务印书馆本。

第四章　国际现势下吾国之地位与复兴运动

国 际 的 现 势

从西力东侵以后,我国就从闭关独立的局势,进而为国际的一员。国际的情势,是时有变迁的,现在却是怎样? 西力的东侵,是从海陆两路来的。从海路来的,是英、美、德、法等国;从陆路来的是俄国。十九世纪之末,日本新兴,其势力亦及于大陆。在我国,遂成为三方交迫的局势。古人说: 远交近攻,那自然愈切近之国,其关系愈深了。欧战以前,英、美、德、俄、日在东洋都是有势力的。欧战以后,德国海外的属地,丧失净尽,在东洋可说已无关系。法国和东洋的关系,比较也是浅的;现在尽力对付欧陆诸问题,也无暇过问东洋了。只有英国,本是掌握世界海权的;在中国的权利亦较多,所以不肯放手。美国滨临太平洋。日本立国东方。俄国虽本国在欧洲,而在亚洲的属地,亦极广大。所以在东方,遂成为这四国争霸之局。

吾 国 的 地 位

我国本是东亚的主人翁,可是因国势陵夷,全立于被动的地位,而有时,尤不免有左右做人难之苦。在现今的国际情势之下,说是那一国真得了那一国的扶助,是不会有这事情的。不论讲均势,说瓜分,都不过是为自己打算。国际间的正义公道,虽不能说全然没有,可是没有实力的制裁,也就等于一句空话。何况瓜分固然危险,恃均势以自存,也不是立国之道;何况瓜分还可以变为独占呢!

复 兴 运 动

但是要想自立自强,必先振起民族的精神。所以我国现在的复兴运动,正是切要之图。像新生活运动,政府正竭力推行,人民也踊跃从事。他若识字运动,是望全国人民,都受教育,增高道德和知识。去毒运动,是望人民勿再嗜好毒品,将百余年有害身体和精神的烟毒,永远禁绝。卫生运动,是望人民注意清洁,预防疾疫。至于在学校中的学生,尤当晓得如何修养本身及服务社会的意义,因为教育之目的,在造就有实学有实用之人才,养成劳动服务之精神,与实际工作之能力。在校能勉力及此,他日出校,服务工作,必更有非常之成就。所以建设国家与复兴民族之大业,全要有学问有能力的学生去担任了。

【习题】

（一）试略述近代至现代国际情势的变迁。

（二）试略述现在国际的情势。

（三）何谓权衡缓急轻重以定策?

（四）复兴运动的意义。

【参考】

本章可参看方乐天《太平洋大势》,商务印书馆本。